Michael Schnelle

Weserbergland
Die Highlights

Attraktive Ausflugsziele in der Region

Wartberg Verlag

Bildnachweis:

S. 6 (links), 12, 13, 32, 43, 54 (links), 55 (rechts), 69, 104 (links), 106: Hameln Marketing und Tourismus GmbH (Tourist Info); S. 6 (Mitte), 14, 52 (rechts), 59, 61 (rechts), 87 (Mitte), 94, 104 (Mitte), 107, 108: Stadt Bodenwerder; S. 6 (rechts), 7, 15 (links), 19 (unten), 26, 44 (oben), 52 (links), 53 (links), 54 (rechts), 55 (links), 57 (unten), 64 (links), 68, 83, 93, 110 (links): Weserbergland Tourismus e. V., Hameln; S. 8 , 40, 65, 88 (links), 89: Minden Marketing GmbH (Tourist-Info); S. 10: Stadt Vlotho; S. 11, 31, 52 (Mitte), 53 (rechts), 58, 64 (Mitte), 66, 67, 80 (rechts), 82 (kleines Bild), 87 (links), 88 (rechts), 91: Stadt Rinteln; S. 17, 30 (Mitte), 35, 47, 56, 76: Kurverwaltung/Tourist Info Bad Karlshafen; S. 20, 48, 72, 80 (Mitte), 86: Stadt Bückeburg, Tourist Info; S. 22, 77, 115 (Mitte), 124: Tourist Info Bad Nenndorf; S. 23 (oben), 87 (rechts), 97 (links): Niedersächsisches Forstamt Saupark, Springe; S. 23 (unten), 30 (rechts), 37: Stadt Springe, Tourist Info; S. 25, 50, 62, 74 (Mitte und rechts), 79, 113, 125: Bad Pyrmont Tourismus GmbH (Tourist Info); S. 29, 51, 103 (oben)126: Tourist Info Märchenland Reinhardswald, Hofgeismar; S. 38, 74 (links), 78: Gemeinde Salzhemmendorf; S. 39 (links), 42: Motor-Technica Museum, Bad Oeynhausen; S. 39 (Mitte), 45: Porzellanmanufaktur Fürstenberg/Weser; S. 39 (rechts), 49 (unten): Stadtmarketing Stadthagen e. V. (Tourist Info); S. 41: Preußen-Museum, Minden; S. 44: Gemeinde Boffzen; S. 46: Tourist-Info Beverungen; S. 60: Weserbergland-Treck, Höxter; S. 61 (links); 95 (rechts), 97 (rechts), 102 (rechts), 103 (unten), 126 (unten): Pixelquelle.de, München; S.73 (rechts), 84: Erlebniswelt Renaissance, Hameln; S. 82 (links oben und rechts): Landkreis Schaumburg/Jürgen Hiddessen, Stadthagen; S. 90: Potts Park, Minden; S. 92: Stadt Hess. Oldendorf; S. 96: Besucherbergwerk Kleinenbremen; S. 98: Hochseilgarten Springe GmbH; S. 99: Verein zur Förderung des Bergmannswesen Osterwald e. V.; S. 100: Rastliland GmbH, Salzhemmendorf; S. 104 (rechts), 111: Fürstliche Hofreitschule Bückeburg/Die Tjoster Veranstaltungs GmbH; S. 105: Goethe Freilichtbühne, Porta Westfalica/Christoph Imming, Minden; S. 109: Freilichtbühne Bökendorf e. V.; S. 112: Freilicht- und Waldbühne Osterwald e. V.; S. 114: Stadt Lügde (Tourist Info); S. 119: Aqua Magica Bad Oeynhausen & Löhne GmbH, Löhne

Titelseite: Foto rechts (Mitte): Stadt Rinteln; Foto rechts (unten): Potts Park, Minden; Foto links: Hameln Marketing und Tourismus GmbH (Tourist-Info)
Rückseite: Fotos (oben und darunter): Stadt Bodenwerder; Foto (Mitte): Weserbergland-Treck, Höxter; Foto (über unterem Foto): Motortechnica-Museum, Bad Oeynhausen; Foto (unten) : Niedersächsisches Forstamt Saupark, Springe

Alle übrigen Aufnahmen stammen vom Autor.

1. Auflage 2005
Alle Rechte vorbehalten, auch die des auszugsweisen Nachdrucks und
der fotomechanischen Wiedergabe.
Satz und Layout: Grafik & Design Ulrich Weiß, Gudensberg
Druck: Druckerei Hoehl-Druck, Bad Hersfeld
Buchbinderische Verarbeitung: Verlagsbuchbinderei Keller, Kleinlüder
© Wartberg Verlag GmbH & Co. KG
34281 Gudensberg-Gleichen, Im Wiesental 1
Telefon: (0 56 03) 9 30 50 • www.wartberg-verlag.de
ISBN: 3-8313-1438-1

Vorwort

Land und Leute

Der Begriff „Weserbergland" steht für die Landschaft beiderseits der Weser zwischen der Porta Westfalica im Norden, dem Durchbruch zwischen Wiehen- und Wesergebirge und dem Zusammenfluss von Fulda und Werra zur Weser bei Hann. Münden im Süden. Genau genommen gehört Minden nicht mehr dazu, wird aber als nördliches Einfallstor mit einbezogen. Im Westen wie Osten kennt man bis heute dagegen keine verbindliche Grenzziehung. Das Weserbergland besteht aus etlichen deutlich zu unterscheidenden Einzelgebirgen beiderseits des Flusses. Höchste Erhebung ist die Große Blöße, 528 m, im Solling, der beste Aussichtspunkt jedoch der Köterberg, 497m, im Lipper Land. Hameln gilt als Hauptstadt der Region und ist gleichzeitig ihr wichtigster Verkehrsknotenpunkt, in dem sich mehrere Bundesstraßen und Eisenbahnstrecken kreuzen. Politisch erstreckt sich das Weserbergland über die Bundesländer Niedersachsen, Nordrhein-Westfalen und Hessen. Durch diese, seit Jahrhunderten bestehende Aufsplitterung, konnte kein einheitlicher Wirtschaftsraum entstehen, die geographische Offenheit hat dagegen immer den Handel gefördert, der dadurch erworbene Wohlstand die Kultur geprägt und so zahlreiche Sehenswürdigkeiten hinterlassen. Die Bevölkerung ist überwiegend sächsischer Abstammung. Insbesondere der hessische Teil der Region erhielt im 17./18. Jahrhundert einen starken Zuzug durch französische Hugenotten, und nach dem Zweiten Weltkrieg fanden hier viele deutsche Ostflüchtlinge eine neue Heimat. Zum weit verbreiteten Brauchtum gehören Schützenfeste und Osterfeuer, daneben natürlich kleinere Ortsfeste. Sehr beliebt bei den Besuchern sind die Festspiele aus der deutschen Sagenwelt.

Auf Entdeckungsreise gehen

Viele Städte, Schlösser und Burgen aus dem 16./17. Jahrhundert sind durch den Stil der Weserrenaissance geprägt, die sich durch aufwändig gestaltete Fassaden auszeichnet. Die ausgeschilderte „Straße der Weserrenaissance" verbindet Hunderte Baudenkmäler aus dieser Epoche. Das Weserbergland gilt aber auch als Märchen- und Sagenland, und so verläuft hier der zentrale Abschnitt der „Deutschen Märchenstraße", die die Lebensstationen der Gebrüder Grimm mit Schauplätzen zahlreicher Märchen und Sagen verbindet.

Am besten „erfährt" man jedoch das Weserbergland auf dem Drahtesel, und so verläuft der beliebteste Radfernweg Deutschlands, der „Weserradweg" durch die Region, ergänzt von zahlreichen lokalen Strecken. Zu Fuß kann man das Weserbergland auf individuellen Wandertouren entdecken, von Turm zu Turm oder auf dem Weserbergland Wanderweg zwischen Porta Westfalica und Hann. Münden. Die Weser erlebt man dagegen per Dampfer, alter Gierseilfähre, Kanu oder Floß. Man bereist eine touristisch ursprüngliche, landschaftlich einmalige und noch nicht überlaufene Region mit romantischen Städten, Gastlichkeit und Sehenswertem für jeden Geschmack. Die Auswahl der in diesem Buch vorgestellten „Highlights" erhebt nicht den Anspruch auf Vollständigkeit, sondern will anregen, sodass sich jeder seine ganz persönliche „Entdeckungstour" zusammenstellen kann. Dank gilt den Tourist-Informationsbüros, Firmen, Vereinen und Organisationen, die dieses Buch mit Informationen und Bildern unterstützt haben.

Michael Schnelle

Weserbergland Tourismus e. V.
Postfach 10 03 39
31753 Hameln
☎ 051 51 – 93 00 – 0
 051 51 – 93 00 – 33
🖥 www.weserbergland-tourismus.de

Übersichtskarte

Inhaltsverzeichnis

Sehenswert
Städte der Region 6

Schöne Aussichten!
Türme im Bergland..30

Spaß am Entdecken
Attraktive Museen..39

Abenteuer Freizeit
Zu Lande, zu Wasser und in der Luft 52

Mehr als Stille und Gebet
Kirchen und Klöster..64

Wellness
Erlebnis- und Thermalsolebäder 74

Monumental
Burgen, Schlösser und Denkmäler 80

Und Action!
Spiel, Spaß und Spannung 87

Kulturelle Vielfalt
Konzerte, Festivals und Feste...................................104

Grüne Oasen
Naturschutzgebiete, Parks- und Gartenanlagen....................115

Sehenswert
Städte der Region

Die Städte entlang der Weser sind durch Märchen und Sagen miteinander verbunden, aber auch durch viele historische Bauten, darunter bedeutende Kirchen und Klöster, vor allen Dingen aber die Juwele im Stil der Weserrenaissance. Durch das Netzwerk „Erlebniswelt Renaissance" wird dieser Besonderheit an sieben Orten im Weserbergland Rechnung getragen, neben dem Zentrum im Hochzeitshaus Hameln sind dies die Innenstädte von Rinteln und Höxter, die Schlösser Bevern, Hämelschenburg und Bückeburg sowie die St. Martinikirche mit Mausoleum in Stadthagen.

Abseits der Weser warten recht gegensätzliche Städte auf die Besucher. Einerseits Bäder mit gepflegten Gartenanlagen und kulturellen Angeboten, andererseits Städte mit anheimelnder Fachwerkromantik im Stil der Weserrenaissance und mit Bückeburg eine frühere Residenzstadt mit prächtigem Schloss.

Sehenswert – Städte der Region

Minden – am Kreuz von Weser und Mittellandkanal

Luftaufnahme von Minden

Minden liegt knapp nördlich der Porta Westfalica, dem Tor Westfalens, das sich nach Süden zum Weserbergland hin öffnet. Die Stadt wurde erstmals in den fränkischen Reichsannalen erwähnt. 798 hielt Karl der Große in Minda eine Reichsversammlung ab. Um 800 wurde sie Bischofssitz, und um die damalige Domburg entwickelte sich eine Kaufmannssiedlung. Im 13. Jahrhundert gehörte Minden dem rheinisch-westfälischen Städtebund und auch der Hanse an. Den wirtschaftlichen Aufschwung des 16. Jahrhunderts bezeugen noch heute zahlreiche Bauwerke. Der Dreißigjährige Krieg brachte den Handel zum Erliegen. Durch den Westfälischen Frieden von 1648 wurde Minden brandenburgisch-preußisch und zur Verwaltungs-, Festungs- und Garnisonsstadt ausgebaut. Erst 1873 wurde die Festung aufgehoben. Heute ist die Stadt der wirtschaftliche und kulturelle Mittelpunkt der gesamten Region mit einem großen Freizeit- und Veranstaltungsangebot und ein kurzweiliges Ziel für Besucher.

Viel Abwechslung bringt ein Bummel durch Mindens Ober- und Unterstadt, und manche der kopfsteingepflasterten Gassen vermitteln noch ein wenig Mittelalter. Prunkstück am Markt ist das Rathaus, das um 1260 als repräsentatives Gebäude mit noch heute erhaltener gotischer Laube errichtet wurde. Von dort führt der Kleine Domhof zum Dom, einer der bedeutendsten westfälischen Hallenkirchen. Über die Bäckerstraße erreicht man das 1594 vollendete Haus Hagemeyer am Scham, das beeindruckend den Baustil der Weserrenaissance repräsentiert. Weiter sehenswert ist die nördlich am Marienkirchhof gelegene Marienkirche, aus dem 12. Jahrhundert als Klosterkirche erbaut und im 14. Jahrhundert zur Hallenkirche erweitert. Ihr Turm gilt als

Sehenswert – Städte der Region

Außenansicht des Preußen-Museums

Wahrzeichen Mindens. Durch die Kampstraße kommt man südwärts zur Martini-Kirche, einer im Kern kreuzförmigen Gewölbebasilika vom 12. Jahrhundert, die im 14. Jahrhundert zu einer Hallenkirche umgebaut wurde. In der Nähe dieser Kirche liegt die „Alte Münze", im 13. Jahrhundert aus Sandsteinquadern erbaut. Auf der Südseite des Martinikirchhofs befindet sich das Fachwerkhaus „Windloch", das als kleinstes Haus Mindens bezeichnet wird. Einen reizvollen Rahmen bietet schließlich die Giebelhausreihe in der Ritterstraße dem Mindener Museums (vgl. Seite 40). An die Preußenzeit erinnert dagegen das auch extra beschriebene Preußen-Museum am Simenonsplatz südlich der Altstadt (vgl. Seite 41).
Verlässt man die Altstadt im Nordosten, kommt man über den Grimpenwall zur Weserstraße mit einem Rest der alten Stadtmauer. Entlang der Weserstraße erstreckt sich dann die Fischerstadt, ein malerisches Viertel, auch „Flint" genannt. Die Weserpromenade erreicht man dagegen vom Markt ostwärts über den Klausenwall. Südlich der dortigen Fußgängerbrücke liegt in den Sommermonaten Europas einzige funktionsfähige Schiffsmühle, in der Korn in traditioneller Weise zu Mehl gemahlen wird. Rund um den alten Kern der Stadt liegen die Glacisanlagen, die die ehemalige Lage der Wälle und Gräben der früheren Festung markieren und heute mit Weserpromenade sowie Altem Friedhof, der 1902/1903 größtenteils in einen Botanischen Garten umgewandelt wurde, die als grüne Lungen Mindens bekannt sind. Besonderer Anziehungspunkt im Norden der Stadt ist das Wasserstraßenkreuz von Weser und Mittellandkanal mit der Schachtschleuse (vgl. Seite 89) und im Südwesten Potts Park (vgl. Seite 90).
Minden ist aber auch ein Mekka der Jazzmusik und weithin bekannt sind die Aufführungen des Stadttheaters. Ein sportliches Ereignis auf hohem Niveau sind schließlich die Mindener Reitturniere.

Tourist-Information der Minden Marketing GmbH
Domstraße 2
32423 Minden
☎ 05 71-82 90 659
📠 05 71-82 90 663
💻 www.mindenmarketing.de

Sehenswert – Städte der Region

Bad Oeynhausen – Stadt des Jordansprudels

Der Sültemeyer-Brunnen

liegt östlich des Zentrums. Bad Oeynhausen bietet aber auch Wellness in der Bali-Therme (vgl. Seite 75), ein Spielcasino und viel kulturelle Unterhaltung.

Die Quellen des Staatsbades wurden per Zufall entdeckt. 1745 fand Colon Sültemeyer an den Borsten seiner Schweine eine salzige Kruste und bereits sechs Jahre später wurde eine Saline eröffnet. An dieses Ereignis erinnert heute der Sültemeyer – Brunnen in der Klosterstraße. Ab 1830 ließ Carl Freiherr von Oeynhausen nach weiteren Salzvorkommen suchen. Dabei stieß man auf eine Thermalsolequelle, die 1845 zur Eröffnung des ersten Badehauses führte. Später wurden weitere Heilquellen entdeckt, 1926 der Jordansprudel, die größte kohlensäurehaltige Thermalsolequelle der Welt.

Neben Kurpark und Aqua Magica Park (vgl. Seite 118/119) erwarten den Besucher nördlich des Kurgebietes der 1905 geschaffene etwa 50 ha große Sielpark mit dem einzigen Gradierwerk des Staatsbades und im Süden das Siekertal mit einem weiteren 142 ha großen Landschaftspark entlang des Osterbaches.

Dort liegt auch der Museumshof, ein Freilichtmuseum mit Gebäuden und Mühle aus dem 17.–19. Jahrhundert (Schützenstraße 35 a, Tel. 057 31-91 488, geöffnet Mitte März–November Mi–So 10–12 und 14–17 Uhr).

In einer prachtvollen Villa residiert dagegen das Deutsche Märchen- und Wesersagenmuseum (Am Kurpark 3, Tel. 057 31-22428, Fax 22048, geöffnet Mi–So 10–12 und 14–17 Uhr).

Das Motor-Technica Museum (vgl. Seite 42)

Der Jordansprudel am Rande des Kurparks

Tourist-Information
Am Kurpark
32545 Bad Oeynhausen
057 31-13 17 00
057 31-13 17 17
www.badoeynhausen.de

Bad Oeynhausen Marketing
Bahnhofstraße 11
32545 Bad Oeynhausen
057 31-25 90 91
057 31-25 90 93
www.bo-live.de

Sehenswert – Städte der Region

Vlotho – Hafen des Wittekindlandes

Panorama von Vlotho und Weser

Auf dem Amtshausberg stand in strategisch bedeutender Lage vermutlich schon zu germanischer Zeit eine Burg und bewachte diesen Abschnitt der Weser. So entwickelte sich im Schutz der Höhenburg an einer Weserfurt das Städtchen Vlotho, das 1185 erstmals erwähnt wurde.

Das Zentrum der heutigen Kurstadt bestimmen restaurierte Fachwerk-Bürgerhäuser aus dem 16. und 17. Jahrhundert, die Zeugnisse der wechselvollen Geschichte der einst bedeutenden Kaufmannsstadt sind.

Nördlich der Innenstadt erhebt sich der 141 m hohe Amtshausberg mit einer Burgruine, die Heinrich von Oldenburg hier um 1250 errichten ließ. Vom Restaurant bzw. der Aussichtsterrasse genießt man eine herrliche Sicht über Vlotho und die Weserschleife.

Das „Gesundwerden" hat in Vlotho Tradition. Südlich des Stadtkerns liegen die alten Bauern- und Moorbäder Bad Seebruch und Bad Senkelteich mit modernen Kureinrichtungen. Zwischen beiden befindet sich der sechs Hektar große Kur- und Naturpark mit altem Baumbestand. Er wurde mit verschiedenen Klangelementen von Hugo Kükelhaus bereichert, die – wie auch der dort befindliche Bachblütengarten – die Sinne ansprechen und heilend wirken sollen. Südlich des Kurgebietes schließt dann das Naturschutzgebiet Linnenbeeke an, ein großes Waldareal mit mehr als 1000 Findlingen aus den Eiszeiten, das durch ein Netz von Wander- und Radwegen erschlossen wurde. Etwas flussaufwärts liegt am rechten Weserufer das Freizeitzentrum Borlefzen, wo insbesondere Wassersportler ein vielfältiges Angebot finden.

Vlotho Touristik & Marketing
Lange Straße 60 (Rathaus)
32602 Vlotho
☎ 057 33-924-492
📠 057 33-924-220
🖥 www.vlotho.de

Sehenswert – Städte der Region

Rinteln – die ehemalige Universitätsstadt

Blick auf den historischen Marktplatz von Rinteln

Rinteln wurde um 1230 gegründet und breitet sich beiderseits der Weser aus. Die Altstadt mit vielen sehenswerten Häusern im Stil der Weserrenaissance liegt am Südufer. An das 1392 erteilte Messeprivileg erinnert heute noch die Rintelner Messe, ein buntes Volksfest. Von 1621 bis 1810 war Rinteln sogar Sitz einer Universität, 1626 fiel etwa die Hälfte der Bevölkerung der Pest zum Opfer. Mit dem Anschluss an Hessen 1651 wurde Rinteln Festungsstadt, die früheren Mauern ließ Napoleon aber 1807 schleifen. Aufschwung brachte dann 1844 der Bau einer auf Steinpfeilern ruhenden Weserbrücke und 1875 die Eröffnung der Eisenbahnlinie.

Heute genießen die Besucher am Marktplatz und den angrenzenden Fußgängerbereichen das Flair einer mittelalterlichen Stadt. Zu den herausragenden Gebäuden zählen am Markt der Ratskeller, das frühere Rathaus (13.–16. Jahrhundert) und das Bürgerhaus (um 1845). Das wohl kleinste Gebäude im Stil der Weserrenaissance ist das Archivhäuschen von 1565. Die Eulenburg aus dem 15. Jahrhundert, im Südwesten der Altstadt gelegen, diente ab 1651 als Sitz der lokalen Regierung und beherbergt heute ein sehenswertes Museum zur Stadt- und Regionalgeschichte. Die Stadtkirche St. Nikolai und das außerhalb gelegene Kloster Möllenbeck werden auf den Seiten 66/67 ausführlich beschrieben.

Ein Wassersportparadies stellt das zwei Kilometer westlich der Altstadt liegende Erholungsgebiet Doktorsee dar. Besondere Erlebnisse sind auch die Draisinenfahrten im Extertal (vgl. Seite 91) oder eine Dampfzugfahrt nach Stadthagen (vgl. Seite 88).

Tourist – Information
Marktplatz 7
31737 Rinteln
☏ 057 51-92 58 33
🖨 057 51-92 58 34
🖥 www.rinteln.de

Sehenswert – Städte der Region

Hameln – die Rattenfängerstadt

Die Bäckerstraße – eine der Haupttangenten der Innenstadt

Die Rattenfängersage, die Hameln weltberühmt gemacht hat, lebt heute im Rattenfänger-Freilichtspiel und Musical Rats fort (vgl. Seite 106). Im 8. Jahrhundert ließen sich Mönche aus Fulda beim heutigen Münster St. Bonifatius nieder und gründeten ein Kloster. Um dieses entwickelte sich ein Markt, der von der Lage an einer Weserfurt und an alten Handelswegen profitierte. Um 1200 erhielt Hameln Stadtrechte, und man wählte einen Mühlstein als Stadtwappen, denn der Betrieb von Mühlen und der Handel mit Mühlsteinen spielte damals eine große Rolle. Von 1426–1572 war die Stadt Mitglied der Hanse und erlebte im 16./17. Jahrhundert eine Blütezeit, deren sichtbarer Ausdruck die prächtigen Bürgerhäuser sind. In der zweiten Hälfte des 17. Jahrhunderts wurde sie zur hannoverschen Grenzfestung ausgebaut, musste aber letztendlich vor Napoleons Truppen kapitulieren. Die Franzosen schleiften 1808 die Befestigungen, und so rollt über die einstigen Wälle jetzt der Verkehr um die Altstadt. Heute ist Hameln der wirtschaftliche, kulturelle und touristische Mittelpunkt des Weserberglands, das als Weserrenaissance-Juwel Besucher aus aller Welt anzieht.

Am Markt, gleichzeitig Ausgangspunkt der beiden Flaniermeilen Hamelns, Bäcker- und Osterstraße, liegt auch die Marktkirche St. Nikolai, im 13. Jahrhundert unter Verwendung älterer Bauteile errichtet. Der überwiegend gotische Bau wurde nach seiner Zerstörung im Zweiten Weltkrieg wieder originalgetreu aufgebaut. Gegenüber findet man das Dempterhaus von 1607/1608, die unteren beiden Etagen aus behauenen Sandstein, in den oberen Geschossen ein Fachwerkhaus.

Unweit vom Markt liegt auch das Hochzeitshaus (Osterstraße 2), ein repräsentativer Bau, der zwischen 1610 und 1617 als Festhaus erbaut wurde. Es ist das Zentrum der „Erlebniswelt Renaissance", die auch an anderen Standorten im Weserbergland präsent ist. Auf 1200 qm Ausstellungsfläche erhält man spektakuläre Einblicke in die damalige Zeit und erlebt durch hochmoderne Technik in spielerischer und unterhaltsamer Weise die Renaissancezeit. (Erlebniswelt Renaissance, Tel. 01805-013 330, www.erlebniswelt-renaissance.de, täglich geöffnet).

In der Osterstraße liegen auch das Stiftsherren- und Leisthaus, Sitz des Museums Ha-

Sehenswert – Städte der Region

meln (vgl. Seite 43) und das Rattenfängerhaus an der Ecke zur Bungelosenstraße. Es stammt von 1602/1603, hat eine reich verzierte Fassade und erhielt den Namen durch seine Inschrift vom Kinderauszug.

In den von der Bäckerstraße westwärts abzweigenden Nebenstraßen haben sich besonders viele historische Fassaden erhalten, darunter das Lückingsche Haus von 1639 (Wendenstraße 8) und das Bürgerhus, ein prachtvolles Fachwerkhaus aus der Zeit um 1560 (Kupferschmiedestraße 13). Ganz im Südwesten der Altstadt liegt schließlich das Münster St. Bonifatius (vgl. Seite 69). Unweit davon führt die Münsterbrücke über die Weser. Unter dem dortigen Wehr verbirgt sich eine Felsschwelle, sodass hier für den Schiffsverkehr eine Schleuse gebaut werden musste.

Als eine der waldreichsten Städte Norddeutschlands bietet Hameln auch viel Grün. Auf der Ostseite der Altstadt lädt der Bürgergarten ein, ein großzügiger Park mit Wasserspielen, schließlich die Weserpromenade, im Süden der Ohrberg- Park (vgl. Seite 121) und natürlich die umliegenden Berge. Eine besonders schöne Aussicht hat man vom Klütturm (vgl. Seite 32) und ein Erlebnis ist auch die Märzenbecherblüte im Frühjahr im Naturschutzgebiet Schweineberg im Nordosten der Stadt.

Historische Stadtführung

Modell des umgebauten Hochzeitshauses mit den Räumlichkeiten des Museums „Erlebniswelt Renaissance"

Das Bürgerhus, einer der prachtvollen Fachwerkbauten in Hameln

Tourist – Information
Deisteralleee 1
31785 Hameln

 051 51-95 78 23
051 51-95 78 40
 www.hameln.de

Sehenswert – Städte der Region

Bodenwerder – die Münchhausenstadt

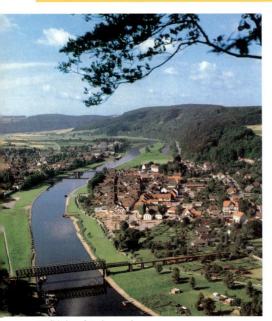

Tiefblick auf Bodenwerder

ren Jahrhunderten. Dort steht auch die gotische Stadtkirche St. Nikolai, im 15. Jahrhundert erbaut und um 1900 stark verändert. Im nordwestlich gelegenen Stadtteil Kemnade liegt die 1046 geweihte und später mehrfach umgebaute Kirche des um 960 gegründeten und 1777 aufgehobenen Klosters. Es ist ein überwiegend frühromanischer Bau, der als Kostbarkeit eine Strahlenmadonna präsentiert, eine Schnitzarbeit des späten 15. Jahrhunderts. Zu Bodenwerder gehört auch das südlich gelegene Rühle, dessen Umgebung besonders zur Zeit der Kirschblüte äußerst reizvoll ist.

In der Innenstadt: Münchhausen-Brunnen Richtung Stadtkirche

Bodenwerder wurde vermutlich um 1245 gegründet, erhielt 1287 Stadtrechte und ist heute vor allen Dingen als Heimat des Lügenbarons von Münchhausen bekannt. Als lukrativer Botschafter ist ihm ein Museum gewidmet, er ist präsent in Form von Brunnen und Kunstwerken und sein „Stellvertreter" tritt bei zahlreichen Veranstaltungen auf.

Die heutige Altstadt lag ursprünglich auf einer Flussinsel und verlor ihre Insellage erst 1948, nachdem die alten Festungsgräben zugeschüttet wurden. Am dortigen Münchhausen-Platz steht das Rathaus, ein früheres Gutshaus von 1603 und gleichzeitig das Geburtshaus des Lügenbarons. Benachbart liegt die Schulenburg mit dem Münchhausen-Museum (Tel. 05533–409–147, geöffnet April–Oktober 10–12 und 14–17 Uhr), das mit zahlreichen Bildern, Dokumenten und Gegenständen sein Leben beleuchtet. Die Nord-Süd-Achse der Altstadt, von Resten der Wehranlage umgeben, ist Fußgängerzone mit über einhundert Fachwerkhäusern aus frühe-

Tourist-Information
Weserstraße 3
37629 Bodenwerder
☏ 055 33-405-41
📠 055 33-405-62
🖥 www.bodenwerder.de

Sehenswert – Städte der Region

Holzminden – Stadt der Düfte und Aromen

Blick über den Markt Richtung Stadtkirche

Torhaus am Katzensprung von 1922/1923 (Oberbachstraße 45) beherbergt schließlich ein Puppen- und Spielzeugmuseum. Zu Holzminden gehört auch Neuhaus im Solling mit einem Jagdschloss von 1791 sowie Wildpark mit Waldmuseum (vgl. Seite 95).

Kultureller Höhepunkt ist das alle zwei Jahre an Pfingsten stattfindende „Internationale Straßentheaterfestival", bei dem Theatergruppen auf den Straßen und Plätzen auftreten, umrahmt von Live-Musik und technischen Effekten.

Bereits 832 urkundlich erwähnt, erhielt Holzminden 1410 Stadtrechte und wurde im Dreißigjährigen Krieg fast vollständig zerstört. Der Beiname steht im Zusammenhang mit der hiesigen Produktion von Riech- und Geschmacksstoffen, die Ende des 19. Jahrhunderts begann. Das Besucherleitsystem gibt an 15 Duftstellen Informationen zu den jeweiligen Sehenswürdigkeiten, aber auch zu Düften und Aromen.

Die Altstadt wird von der erstmals 1231 genannten Stadtkirche überragt. Am Johannismarkt steht das hier 1609 aufgebaute, aber aus Bevern stammende Tillyhaus, in dem der Feldherr einst übernachtet haben soll. An der Ecke Hintere Straße/Grabenstraße liegt das so genannte „Reichspräsidentenhaus", 1929 als Jugendheim errichtet. Sein Glockenspiel zeigt den „Meisterumzug" der Absolventen der Fachhochschule und erinnert an die 1831 erfolgte Gründung der ersten deutschen Baugewerkschule als Vorläuferin. Im Haus Goldener Winkel 3 verbrachte der Autor Wilhelm Raabe (1831–1910) seine Kindheit. Ihm ist auch der Raabe-Brunnen gewidmet. Das

Das Torhaus am Katzensprung

Stadtinformation Holzminden
Obere Straße 30
37603 Holzminden
☎ 055 31 – 93 64 23
📠 055 31 – 93 64 30
🖥 www.holzminden.de

Sehenswert – Städte der Region

Höxter – die Stadt im Herzen des Weserberglandes

Der Rathausturm mit Glockenspiel

822 erstmals erwähnt, profitierte die Stadt einerseits von der Lage an der Kreuzung alter Handelswege und eines Weserüberganges, andererseits stand man in Konkurrenz zum nahen Kloster Corvey. Nach einer Blütezeit im 16. Jahrhundert brachte der Dreißigjährige Krieg den Niedergang. Heute präsentiert sich Höxter wieder als Brücken- und Kreisstadt in reizvoller Umgebung mit ansehnlichen Baudenkmälern.

Im Zentrum ermöglichen Fußgängerzonen ein beschauliches Flanieren, und auch die Sehenswürdigkeiten liegen dort dicht zusammen. Bei der St.-Kiliani-Kirche (vgl. Seite 70) liegt auch das alte Rathaus im Stil der Weserrenaissance. In seinem Treppenturm befindet sich ein Glockenspiel mit 35 Bronzeglocken, das fünfmal täglich Lieder des Dichters Hoffmann von Fallersleben spielt. Ein anderes prachtvolles Gebäude in der Fußgängerzone ist die Dechanei, 1561 als Adelshof erbaut. An der Westerbachstraße 33 liegt das so genannte Tillyhaus, ein repräsentativer Fachwerk-Vierständerbau von 1598. Lohneswert ist auch ein Spaziergang entlang der Ruinen der alten Stadtbefestigung.

Dank vieler Radwege ist Höxter ein El Dorado für Pedalritter, bietet aber auch schöne Wanderwege. Beliebt bei Fliegern und Fallschirmspringern ist der Flugplatz, während der Brunsberg Abflugstelle für Gleitschirm- und Drachenflieger ist. Von Mai bis September wird jeweils am ersten Samstag im Monat auf dem Markt um 15 Uhr das Märchen „Hänsel und Gretel" aufgeführt. Viele Besucher zieht auch alljährlich der Huxorimarkt an.

Der ehemalige Adelshof „Dechanei"

Tourist Information
Weserstraße 11 (Historisches Rathaus)
37671 Höxter
☏ 052 71-194 33
📠 052 71-96 34 35
🖥 www.hoexter.de

Sehenswert – Städte der Region

Bad Karlshafen – die Stadt der heißen Quellen

Blick auf das malerisch im Wesertal gelegene Bad Karlshafen

Vom Landgrafen Carl von Hessen-Kassel 1699 gegründet, liegt die alte Barockstadt an der Mündung der Diemel in die Weser und ist gleichzeitig das Tor zu Solling und Reinhardswald. Dem Landgrafen ist es auch zu verdanken, dass aus Frankreich geflohene Protestanten, die Hugenotten, hier eine neue Heimat fanden. Daran erinnert das Deutsche Hugenotten-Museum (vgl. Seite 47).

Bad Karlshafens Zentrum ist ein Hafenbecken, das von weißen Barockfassaden umgeben ist. An vielen Gebäuden des historischen Stadtkerns erinnert die Inschrift CLZH noch an den Stadtgründer. Die meisten Gebäude haben als hugenottische Eigenart zur Straßenseite je Etage fünf Fenster. Auf der Hafensüdseite liegt das Rathaus mit Glockenspiel, das zwischen 1715 und 1718 als Packhaus und gräfliche Residenz erbaut wurde. Sehenswert ist auch das Invalidenhaus mit prächtigem Wappen, 1705–1710 als Altersruhesitz für Angehörige der hessischen Armee errichtet. Im Stadtteil Helmarshausen wurde Ende des 10. Jahrhunderts eine Reichsabtei gegründet, die durch ihre Mal- und Schreibschule und bedeutende Goldschmiedearbeiten weltberühmt wurde. Hier entstand auch das einzigartige Evangeliar Heinrich des Löwen. Über dem Stadtteil thront die Ruine Krukenburg, heute mit dem Hugenottenturm (vgl. Seite 35) und den Hannoverschen Klippen (vgl. Seite 122) beliebter Aussichtspunkt.

Als Kurstadt bietet Bad Karlshafen schließlich ein modernes Kurzentrum, Kurpromenade, Gradierwerk, kulturelle Veranstaltungen und die einzigartige Weserbergland-Therme (vgl. Seite 76).

Kurverwaltung
Hafenplatz 8 (Rathaus)
34385 Bad Karlshafen
056 72-99 99 22
056 72-99 99 25
www.bad-karlshafen.de

Sehenswert – Städte der Region

Hann. Münden – die Drei-Flüsse-Stadt

Marktplatz mit Rathaus-Erker

Am Zusammenfluss von Werra und Fulda zur Weser gelegen, profitierte die Stadt schon früh von dieser verkehrsgünstigen Lage. Aus dem karolingischen Gemundi hervorgegangen, wurde sie 1183 erstmals urkundlich als Stadt erwähnt. Zu ihrem Wohlstand trug insbesondere das 1247 verliehene und erst 1823 aufgehobene Stapelrecht bei, wonach alle Waren, die hierher kamen, zunächst den Mündenern zum Kauf angeboten werden mussten, sonst hatten die Händler Abgaben zu zahlen.

Mit über 700 Fachwerkhäusern aus sechs Jahrhunderten innerhalb der Altstadt ist Hann. Münden ein Fachwerkjuwel. Hinzu kommt die prächtige Lage inmitten ausgedehnter Wälder und an drei Flüssen. Schon der Forschungsreisende Alexander von Humboldt nannte sie „eine der sieben schönst gelegenen Städte der Welt".

Die meisten Sehenswürdigkeiten liegen im historischen Altstadtkern, der seit dem 13./14. Jahrhundert befestigt war. Von der alten Stadtmauer sind heute nur noch Reste erhalten, darunter 11 alte Stadttürme. Hier erlebt man nicht nur Fachwerk pur, sondern auch interaktive Wasserspiele und Klangkunst, ein Beitrag der Expo 2000.

Am Markt liegt das Rathaus, dessen gotischer Vorgängerbau aus dem 13./14. Jahrhundert zwischen 1603 und 1618 zu einem großartigen Weserrenaissance-Gebäude umgestaltet und erweitert wurde. Besonders prächtig ist die Nordseite am Rathausplatz mit drei Giebeln, dem zweigeschossigen Standerker mit Glockenspiel und das prunkvolle Portal.

Dem Rathaus südwärts benachbart ist die St. Blasiuskirche, die einen frühromanischen Vorgängerbau hatte. Die heutige dreischiffige gotische Hallenkirche entstand zwischen dem 13. und 16. Jahrhundert. Im Inneren befindet sich u. a. ein sehenswerter Barockaltar des Heiligenstädter Schnitzers Johann Andreas Gräber. Weitere Sehenswürdigkeiten im Süden der Altstadt sind in der Langen

Die Lange Straße, die Einkaufsmeile von Hann. Münden

Sehenswert – Städte der Region

Straße 79 das Sterbehaus von Dr. Eisenbart, an den heute u. a. die Freilichtspiele (vgl. Seite 110) erinnern, die Rotunde, Rest des einst mächtigen Oberen Stadttores von 1500–1546, heute Gefallenen-Gedenkstätte, im Südwesten unweit der Pionierbrücke der besteigbare Fährenpfortenturm, heute Sitz des Museums für Arbeit und im Südosten die St. Aegidienkirche, an deren Nordseite sich die Gruftplatte von Dr. Eisenbart befindet.

Die Werra mit Schloss, Sitz des Städtischen Museums

Im Nordosten der Altstadt liegt an der Werra das Welfenschloss, das nach einem Brand von 1562 bis 1584 im Weserrenaissancestil wieder aufgebaut wurde. Neben Behörden befindet sich hier das Städtische Museum mit einer Ausstellung von Produkten der Fayence-Manufaktur, zur Stadtgeschichte und Skulpturen des Bildhauers Gustav Eberlein. Westlich vom Schloss liegt in der Sydekumstraße 8 das Haus Ochsenkopf mit Glasgalerie, ein imposantes mittelalterliches Ständerhaus von 1528. Am Ende dieser Straße zweigt rechts die Alte Werrabrücke ab, eine der ältesten Steinbrücken Norddeutschlands, die um 1250 erbaut wurde. Als stattlichstes Bürgerhaus von 1554 gilt schließlich das Haus Lange Straße 29. Aussichtspunkte sind im Norden die Weserliedanlage mit einer Gedenktafel für den Dichter und den Komponisten des Weserliedes sowie im Westen der historische Aussichtsturm Tillyschanze (vgl. Seite 36). Besuchenswert sind auch der Untere Tanzwerder im Nordwesten der Altstadt, an dessen Nordende der berühmte Weserstein an den Ursprung des Flusses erinnert. An den Wallanlagen östlich der Altstadt schließt dann noch ein Forstbotanischer Garten mit über 700 unterschiedlichen Gehölzen an.

Der Weserstein – Wo Werra und Fulda sich küssen ...

Touristik Naturpark Münden e. V.
Lotzestraße 2 (Rathaus)
34346 Hann. Münden
055 41-75-313/315
055 41-75 404
www.hann.muenden.de

Sehenswert – Städte der Region

Bückeburg – die einstige Residenzstadt

Blick über den Markt Richtung Rathaus

Bereits 1365 wurde Bückeburg in den Rang einer Gemeinde erhoben, blieb aber zunächst ein bescheidenes Dorf. Das änderte sich erst, als Graf Ernst zu Holstein-Schaumburg dem Dorf die Stadtrechte verlieh und das Schloss zu seiner Residenz bestimmte. So gewann Bückeburg hauptstädtischen Charakter und erlebte eine kulturelle Blüte. Auch nach Abdankung des letzten Fürsten 1918 blieb Bückeburg bis 1946 Landeshauptstadt, verlor aber 1934 die Kreisfreiheit und 1948 dann auch den Kreissitz.

Die Hauptattraktionen sind Schloss (vgl. Seite 86), Stadtkirche (vgl. Seite 72) und das Hubschraubermuseum (vgl. Seite 48). Besuchenswert ist aber auch das Landesmuseum für Schaumburg – lippische Geschichte, Landes- und Volkskunde, das seit 1905 seinen Sitz im 1564 erbauten und restaurierten Schaumburger Hof (Lange Str. 22) hat. Dazu gehören archäologische Funde, ein anderer Bereich ist den Regenten und den mit dem Hofe verbundenen Künstlern gewidmet. Im Mittelpunkt steht die kostbare schaumburg-lippische Trachtensammlung.

Das Herz der am Fuße des bewaldeten Harrl liegenden Stadt schlägt am Markplatz, wo das historische Ensemble Rathaus, Schlosstor, Stadthaus und Hofapotheke zu bewundern ist. Als ehemalige Residenzstadt bietet Bückeburg auch heute noch viele Veranstaltungen, darunter das traditionelle „Krengelfest", das „Mitteralterlich Spectaculum", Auftritte der „Schaumburger Märchensänger" oder Vorführungen der „Hofreitschule" (vgl. Seite 111).

Tourist – Information
Marktplatz 4
31675 Bückeburg
057 22-1 94 33 oder 20 61 81
057 22-20 62 10
www.bueckeburg.de

Sehenswert – Städte der Region

Stadthagen – Zentrum des Schaumburger Landes

Das malerische „Haus zum Wolf" am Markt

Graf Adolf III. gründete Stadthagen um 1222. Als einstige Residenzstadt, heute Sitz des Kreises Schaumburg, ist sie Dienstleistungs- und Versorgungszentrum auch für das Umland und bietet ein reichhaltiges Freizeit- und Kulturangebot.

In der attraktiven Altstadt locken zahlreiche Geschäfte, Restaurants, Cafés und der große Wochenmarkt auf dem Marktplatz. Dieser wird vom Rathaus beherrscht, ein Bau, der zwischen 1595 und 1602 im Stil der Weserrenaissance erstellt wurde. An ihm und auch andernorts in der Altstadt liegen sehenswerte Fachwerkbauten, darunter das Haus „Markt Nr. 21", das am reichsten verzierte Gebäude der Stadt oder an der Ecke zur Echternstraße das „Haus zum Wolf" mit farbigen Fächerrosetten und Schiffskehlen. Umgeben wird die Altstadt von einem mit Bäumen bestandenen alten Wall. An ihrer Nordwestecke liegt als Rest der Stadtmauer ein Stadtturm von 1423, auf ihrer Ostseite dagegen mehrere Adelshöfe, u.a. der Landsbergsche Hof von 1731. Der südlich der Altstadt gelegene Stadtgarten wurde im 17. Jahrhundert als barocke Gartenanlage angelegt und weist einen wunderbaren Baumbestand auf.

Neben der an anderen Stellen erwähnten Stadtkirche St. Martini mit Mausoleum (vgl. Seite 73) und dem Museum Amtspforte ist vor allen Dingen das Schloss an der Südostseite der Altstadt erwähnenswert, heute Sitz des Finanzamtes. Ursprünglich ab 1200 als Wasserschloss erbaut, wurde das jetzige Gebäude mit stattlichen Giebeln im Stil der Weserrenaissance errichtet.

Ein alter Stadtturm als Rest der Stadtmauer

Tourist-Information
Am Markt 1
31655 Stadthagen
057 21-92 60 70
057 21-92 50 55
www.stadthagen.de

Sehenswert – Städte der Region

Bad Nenndorf – das Bad auch für Gesunde

Esplanade am Kurpark, einst Badehaus der preußischen Offiziere

Landgraf Wilhelm IX. von Hessen-Kassel gilt als Gründer von Bad Nenndorf, denn er kaufte 1787 ein Gründstück und angrenzende Ländereien um die viel gepriesenen Schwefelquellen. Die heutige Kurstadt liegt am Nordwestabhang des Deisters, und die Schwefelquellen zählen zu den stärksten Europas. Sie waren schon seit 1546 als heilkräftig bekannt. 1866 wurde Bad Nenndorf offiziell königlich-preußisches Heilbad und trägt heute den Titel „Niedersächsisches Staatsbad".

Bad Nenndorf bietet ein reichhaltiges Veranstaltungsprogramm und Freizeitaktivitäten. So finden in der Wandelhalle, im Kino und der Kurmuschel ständig Konzerte statt. Für Freunde klassischer Musik sind die Sinfonie-Konzerte und Schlösschen-Serenaden ein „Muss". Daneben ist Bad Nenndorf eine Hochburg des französischen Boule-Spiels und häufiger Austragungsort entsprechender Turniere. Der Kurpark ist im Sommer auch Startpunkt für Heißluftballons. Als Theaterstadt hat sich Bad Nenndorf ebenfalls einen Namen gemacht,

denn auswärtige Ensembles finden sich hier regelmäßig zu Gastspielen ein. Höhepunkt unter den jährlichen Veranstaltungen ist sicher die Open-Air-Veranstaltung „Märchenhaftes Bad Nenndorf" mit Gourmet- und Lichterfest. Absolut sehenswert ist der Kurpark (vgl. Seite 124) mit seinen historischen Gebäuden, entspannend dagegen ist der Besuch der Landgrafen-Therme (vgl. Seite 77). Eine regionale Attraktion ist auch der „Kleine Zoo am Krater", wo man ausschließlich einheimische Tiere, insbesondere Vögel bewundern kann.

Tourist-Information
Am Thermalbad 1
31542 Bad Nenndorf
☎ 057 23-34 49
📠 057 23-14 35
🖥 www.badnenndorf.de

Sehenswert – Städte der Region

Springe – Fachwerkromantik an der Deisterpforte

Das über 900 Jahre alte Springe liegt am Übergang der norddeutschen Tiefebene zum Bergland. Im Mittelalter war es Sitz der Grafen Hallermundt, später vom Amt Springe, dann des heute aufgelösten Kreises. 1818 wurde hier Heinrich Göbel, der Erfinder der Glühlampe, geboren.

Im historischen Stadtkern findet man viele gut erhaltene Fachwerkbauten. Sein Zentrum ist der Marktplatz, wo besonders das Haus Peters von 1619 beachtenswert ist, ein niederdeutsches Hallenhaus im Stil der Weserrenaissance und das Alte Rathaus von 1638, der heutige Ratskeller. Zahlreiche Boutiquen und Fachgeschäfte laden zum Einkaufsbummel ein, Restaurants und Straßencafés zum Verweilen danach. Ein geschnitzter Holzwegweiser, der Ratsnachtwächter Heinrich, weist den Besuchern noch heute den rechten Weg. Die Umgebung bietet ein großes Wanderwege- und Radwanderwegenetz, darunter der „Deisterkreisel".

„Neues erleben, altes verstehen" ist das Motto des Museums auf dem Burghof. Aus einer früheren Wasserburg, Keimzelle der Stadt, entstand später eine Domäne, deren Kornspeicher, Pferdestall und Remise heute vom Museum genutzt werden. Es gibt einen interessanten Einblick in die Geschichte der südlichen Deisterregion.

Zum von einer 16 km langen und 2 m hohen Mauer umgebenen Saupark im Kleinen Deister gehören Wisentgehege (vgl. Seite 97) und das Jagdschloss Springe, 1838–1842 erbaut, mit prachtvoller klassizistischer Innenausstattung. Es beherbergt heute eine interessante Tier- und Jagdausstellung.

Ausstellungsraum im Museum Jagdschloss Springe

Radfahrer unterwegs auf dem Deisterkreisel

Tourist-Information
Auf dem Burghof 1
31832 Springe
☎ 050 41-732 73
📠 050 41-58 85
💻 www.springe.de

Sehenswert – Städte der Region

Bad Münder am Deister – Stadt der Heilquellen

Im Zentrum von Bad Münder

Erstmals 1033 urkundlich erwähnt, liegt Bad Münder herrlich eingebettet in die Waldlandschaft zwischen Deister und Süntel. Am Trinkbrunnen in der Wandelhalle des Kurmittelhauses werden gleich von vier Quellen Heilwasser abgegeben, nämlich Sole, Bitterwasser, Eisen und Schwefel.

In der Altstadt reihen sich in den Straßen um den markanten Turm der St.-Petri-Paul-Kirche etliche restaurierte Fachwerkhäuser im Stil der Weserrenaissance. Zu den sehenswerten Gebäuden gehört insbesondere das Kornhus (Marktstraße 13) mit einem Treppengiebel aus dem 16. Jahrhundert, das früher als Kornmagazin genutzt wurde und in dem heute Bier gebraut wird.

Ein unvergessliches Erlebnis ist aber der Besuch des 14 ha großen Kur- und Landschaftsparks, der von bekannten Züricher Landschaftsarchitekten geplant wurde. Kulissenartig gestaltete Waldstreifen und über 50 000 Pflanzen wechseln mit ökologischen Ausgleichsflächen oberhalb des als See ausgebildeten Regenrückhaltebeckens ab. Im Mittelpunkt steht das 1999 nach historischem Vorbild wieder errichtete Gradierwerk, das heute nicht mehr der Salzgewinnung sondern der Sole-Inhalation dient. Im Haus des Kurgastes finden erstklassige Konzerte und andere Veranstaltungen statt, im umliegenden Park stellen alljährlich bekannte Künstler ihre Objekte in der freien Natur aus.

Und schließlich ist die Stadt ein idealer Startpunkt für Wanderungen und Radtouren.

Tourist-Information der GeTour GmbH
Hannoversche Straße 14 a
31848 Bad Münder
☎ 050 42-92 98 04
📠 050 42-92 98 05
💻 www.bad-muender.de

Sehenswert – Städte der Region

Bad Pyrmont – das Fürstenbad

Der Hyllige Born mit Wandelhalle, das Herz von Bad Pyrmont

Bad Pyrmont liegt mitten im Weserbergland und gilt als eines der traditionsreichsten deutschen Bäder. Seine Heilquellen sind schon über 2000 Jahre bekannt, zum Badeort entwickelte sich Bad Pyrmont aber erst nach dem Ende des Dreißigjährigen Krieges. 1681 zählte man erst 34 adelige Besucher, aber bereits wenige Jahrzehnte später entwickelte sich Bad Pyrmont zu einem der Kurorte des europäischen Hochadel und 1716 kam sogar Peter der Große hierher, 1744 Friedrich der Große.

Im Zentrum des Bades liegt der Brunnentempel mit dem Hylligen Born, der ältesten Pyrmonter Heilquelle, die auch heute noch zur Trinkkur verwendet wird. Eine zweite Quelle, der Brodelbrunnen, diente Badezwecken, und der Augenbrunnen trägt auf der Säule das Standbild der Schutzheiligen Odilie. In der Wandelhalle werden insgesamt sechs Heilquellen sowie Bitterwasser ausgeschenkt.

Die Hauptallee ist zugleich die älteste Kurparkanlage der Welt und setzt sich im unteren Teil als Wassererlebnisroute fort. Zu den an anderer Stelle erwähnten Sehenswürdigkeiten gehören der Kurpark mit Palmengarten (vgl. Seite 125), das Wasserschloss – heute Museum (vgl. Seite 50) –, die einmalige Dunsthöhle (vgl. Seite 101) und im Bereich Wellness die Hufeland Therme (vgl. Seite 79).

Aktivurlauber können hier Golf und Tennis spielen, reiten, Rad fahren, joggen oder wandern. Das Wegenetz umfasst etwa 500 km, und über die Radroute Hellwig-Weser besteht direkter Anschluss zum Weserradweg.

Das Staatsbad bietet ein attraktives Veranstaltungsprogramm, darunter der Goldene Sonntag (Vgl. Seite 113).

Tourist Information Bad Pyrmont
Europa-Platz 1
31812 Bad Pyrmont
052 81-94 05 11
052 81-94 05 55
www.badpyrmont.de

Sehenswert – Städte der Region

Stadtoldendorf – im Schutz der Homburg

Der Marktbrunnen in Stadtoldendorf

Das Stadtmuseum im Leitzenhaus (Amtsstraße 8–10, geöffnet am Sonntagnachmittag, www.stadtmuseum-stadtoldendorf.de), gibt Einblicke in die Erdgeschichte der Region, vor allen Dingen aber in das alltägliche Leben der Bevölkerung in früherer Zeit. Auf dem Gelände des ehemaligen Angerhofes gruppieren sich um den Angerhof drei alte Scheunen, die ursprünglich in Dörfern der Umgebung standen. Das Gebäudeensemble wird heute vom „Freilichtmuseum Mühlenanger" genutzt. Ausgestellt sind u.a. eine Schmalspur-Feldbahn in Erinnerung an die alten Steinbruchbahnen und eine Sammlung landwirtschaftlicher Großgeräte.

Wenige Kilometer nördlich liegt an der B 64 das Kloster Amelungsborn mit sehenswertem Klostergarten, und im Vogler bietet schließlich der Ebersnackenturm (vgl. Seite 33) eine weite Aussicht.

Zwischen Vogler und Solling liegt Stadtoldendorf im Herzen des Weserberglandes, aber abseits der Hauptwege. Alte Fachwerkhäuser, der Försterbergturm als Wahrzeichen und Reste einer mittelalterlichen Stadtmauer prägen heute das Bild der Stadt, der bereits 1255 Stadtrechte verliehen wurden.

Noch heute beeindruckt die außerhalb gelegene Ruine Homburg, einst Sitz der Stadtgründer. In der Altstadt mit gewundenen Gassen, Kirche und altem Rathaus stehen über vierzig alte Fachwerkhäuser aus dem 17. bis 19. Jahrhundert unter Denkmalschutz. Auf der Steinsäule des Markt-Brunnens hält schließlich ein Löwe das Stadtwappen in den Klauen.

Rathaus Stadtoldendorf
Kirchstraße 4
37627 Stadtoldendorf
☎ 055 32-90 05-0
📠 055 32-90 05-10
🖥 www.stadtoldendorf.de

Sehenswert – Städte der Region

Uslar – das Tor zum Solling

In der Einkaufszone von Uslar

Die auf 1006 zurückgehende Kleinstadt Uslar ist von einem der größten geschlossenen Waldgebiete Niedersachsens umgeben, dem Naturpark Solling-Vogler. Sie fasziniert durch prachtvolles Fachwerk und verfügt über viele wunderschön restaurierte Bürgerhäuser aus dem 16. und 17. Jahrhundert, insbesondere an der Langen Straße.

Zentraler Blickfang ist das Rathaus, 1476 erbaut und im 17. Jahrhundert erweitert, dessen Dach ein kupferner Uhrturm krönt. Lohnenswert ist auch der Besuch der hinter dem Rathaus gelegenen St. Johanniskirche, die 1470 vollendet wurde. Glanzstück im Inneren sind der geschnitzte Flügelaltar und die Glasmalereien im mittleren Chorfenster.

Das Heimatmuseum (Mühlentor 4, Tel. 05571–307–142, meist nachmittags geöffnet) zeigt die Geschichte der Stadt Uslar und der Solling-Region. Im 8 km östlich gelegenen Stadtteil Volpriehausen erzählen im Kali-Bergbaumuseum (Wahlbergstraße 1, geöffnet Samstagnachmittags April–Oktober) Arbeitsgeräte und Fotos vom früheren Stein- und Kalisalzbergbau. Dazu gehört auch eine Salzmineraliensammlung.

Neben dem attraktiven Erlebnisbad „Badeland" hält Uslar aber auch eine exotische Überraschung bereit, den Alaris Schmetterlingspark (vgl. Seite 102). Und im 7 km nordwestlich gelegenen Stadtteil Schönhagen können Besucher sogar zum Waldforscher werden. Auf einem 12 ha großen Gelände erfährt man im „Erlebniswald Solling" (geöffnet April– Oktober) interessante und wissenswerte Dinge über den Wald.

Teilansicht der St. Johanniskirche

Ferienregion Uslarer Land
Mühlentor 1
37170 Uslar
055 71-92 24-0
055 71-92 24-22
www.uslarer-land.de

Sehenswert – Städte der Region

Trendelburg – Stadt an Diemel und Reinhardswald

Ein Turm der Trendelburg

In der Umgebung locken über 220 km markierte Rad- und Wanderwege und natürlich auch eine Kanutour auf der Diemel. Wenig nördlich liegt das ehemalige Wasserschloss Wülmersen, heute eine Begegnungsstätte und Sitz eines agrarhistorischen Museums. Im Osten liegt unweit der Straße Richtung Friedrichsfeld der „Nasse Wolkenbruch", ein rund 45 m tiefer und 470 m Umfang messender Trichter, der durch Einsturz unterirdischer Hohlräume entstand und in dem der Sage nach die Riesin Trendula ertrunken ist. Noch östlicher liegt Gottsbüren im Reinhardswald mit einer dreischiffigen ehemaligen Wallfahrtskirche vom 14. Jahrhundert. Sie besitzt eine bedeutende Orgel (um 1755) und schöne spätgotische Malereien.

Das Fachwerk-Rathaus in Trendelburg

Der Luftkurort bekam seinen Namen von der gleichnamigen Burg aus dem 13. Jahrhundert, die im 15. Jahrhundert erneuert wurde und auf einem 50 m hohen Sandsteinfelsen thront. Sie dient heute als Hotel, der Turm bietet eine weite Aussicht, und die Burgkapelle ist für Trauungen beliebt. Von diesem Turm soll übrigens angeblich Rapunzel ihr Haar herabgelassen haben. Erwähnenswert ist außerdem die Marienkirche aus dem 14. Jahrhundert, die 1443 abbrannte und danach größer wieder aufgebaut wurde. Schätze im Inneren sind die Kanzel, das geschnitzte Chorgestühl mit Intarsien der Renaissance, die wertvollen Fresken und das große farbenprächtige Chorfenster. Das benachbarte Rathaus ist ein malerischer Fachwerkbau aus dem 15. Jahrhundert. Beachtenswert ist die Sonnenuhr links oben und die am rechten Türpfosten angekettete „Trendelburger Elle".

Verkehrsamt Trendelburg
Marktplatz 1 (Rathaus)
34388 Trendelburg
☎ 056 75-74 99-18
📠 056 75-74 99-30
🖥 www.trendelburg.de

Sehenswert – Städte der Region

Hofgeismar – historische Stadt an der Deutschen Märchenstraße

Das Rathaus mit Glockenspiel in Hofgeismar

Die 1223 gegründete Stadt ist das östliche Eingangtor zum Reinhardswald. Noch heute beeindruckt die Innenstadt, umgeben von einer Stadtmauer, mit zwei mächtigen Kirchen und vielen Fachwerkhäusern.
Am Marktplatz liegt auch das Rathaus. Es steht auf mittelalterlichen Tonnengewölben, und die heutige Form geht auf die Zeit zwischen 1854 und 1856 zurück. Im Turmaufsatz befindet sich ein Glockenspiel. Unter den Kirchen ist insbesondere die im 12. Jahrhundert begonnene ehemalige Stiftskirche zu erwähnen, heute Altstädter Kirche genannt. Sie ist eine der bedeutendsten hessischen Hallenkirchen mit einem hochgotischen Portal von 1330. Im Inneren ist vor allen Dingen der „Hofgeismarer Altar" (um 1310) sehenswert. Im „Steinernen Haus" befindet sich das an Apothekenmuseum (vgl. Seite 51), eine der größten deutschen Spezialsammlungen überhaupt. Nicht weniger interessant ist das Stadtmuseum (Petriplatz 2, Tel. 056 71–47 91, Fax 999–200, www.museum-hofgeismar.de), untergebracht in einem vierteiligen Gebäudekomplex. Es zeigt Ausstellungen zur Geschichte, zu künstlerischen und naturkundlichen Themen.
Von 1639 bis 1866 war Hofgeismar ein Bade- und Kurort. Daran erinnert heute noch der Badebezirk „Gesundbrunnen" mit Schloss Schönburg, ein frühklassizistischer Bau aus dem 18. Jahrhundert und dem Brunnenpark. Heute befindet sich dort die Evangelische Akademie Hofgeismar, eine über die Grenzen Hessens hinaus bekannte Bildungseinrichtung.
Zu Hofgeismar gehört auch die Sababurg im Reinhardswald, u. a. mit Burggarten, Urwald und Tierpark (vgl. Seite 126).

Tourist-Info Märchenland Reinhardswald
Markt 5
34369 Hofgeismar
056 71-507 04 00
056 71-500 839
www.reinhardswald.de

Schöne Aussichten!
Türme im Bergland

Auf den Höhenzügen des Weserberglandes liegen etwa 40 Aussichtstürme, die sich als attraktive Ausflugs- und Wanderziele anbieten. Einige von ihnen werden auf den Folgeseiten vorgestellt. Wer gern auf Schusters Rappen unterwegs ist, kann von Turm zu Turm wandern und daraus eine mehrtägige Tour machen. Reichlich Information zu den Türmen findet man auf der privaten Web-Seite www.turmbesteiger.de .

Schöne Aussichten! – Türme im Bergland

Der Ludwigsturm auf dem Rumbecker Berg

Der Ludwigsturm ist ein beliebtes Ausflugsziel in der Umgebung von Rinteln

Zwischen Rinteln und Hameln liegt auf der Südseite des Wesertals der Rumbecker Berg. Mit 340 m Höhe gehört er zu den höheren Erhebungen im Süden des Landkreises Schaumburg.

Bereits 1901 wurde auf dem Rumbecker Berg ein erster Turm erbaut, der hier bis 1918 stand. Erst 1975 folgte dann der Ludwigsturm II. Dieser 24 m hohe Holzturm erhebt sich über dem Buchenhochwald und bietet ein einzigartiges Panorama in alle Himmelsrichtungen. Insbesondere die Sicht auf den gegenüberliegenden Berghang mit der Schaumburg ist beeindruckend. Der Turm ist aber auch insofern ein reizvolles Ziel, da er leicht von Spaziergängern zu erreichen ist, die lange Wege scheuen.

Den kürzesten Zugang hat man von der kleinen Ortschaft Wennenkamp im Süden des Gipfels. Dort folgt man dem Hinweisschild „Ludwigsturm" zu einem Parkplatz am Waldrand, wo eine Informationstafel über das Waldgebiet und Wanderstrecken Auskunft gibt. Von diesem Parkplatz benötigt selbst der geruhsame Spaziergänger weniger als eine halbe Stunde bis zum Aussichtsturm. Unterhalb liegt eine Schutzhütte, die Wanderern und Spaziergängern als Rastplatz dient.

Ausdauernde Wanderer dagegen starten die Tour in Rinteln und erreichen über Exter und den Taubenberg den Gipfelweg. Zurück geht es über Friedrichswald und Goldbeck nach Bösingfeld. Diese Tour nimmt etwa 5½ Stunden in Anspruch. Von Bösingfeld geht es per Bus zurück nach Rinteln.

Tourist – Information
Marktplatz 7
31737 Rinteln
057 51-92 58 33
057 51-92 58 34
www.rinteln.de

Schöne Aussichten! – Türme im Bergland

Der Klütturm bei Hameln

Blick vom Klüt auf Hameln

Hameln ist eingebettet in einige der landschaftlich reizvollsten Höhenzüge des Weserberglands und mit 1300 ha Stadtwald eine der waldreichsten Städte Norddeutschlands. Beliebte Ausflugsziele sind die Aussichtstürme der näheren Umgebung, nämlich Süntelturm, Bismarckturm und Klütturm.

Der Klütturm ist ein ideales Ziel, einerseits weil auch diejenigen, die nicht gut zu Fuß sind, den Anstieg schaffen können, er aber auch mit dem Auto erreichbar ist, andererseits wegen des faszinierenden Blicks auf die Rattenfängerstadt und die Weser. Er liegt mit 247 m Seehöhe rund 200 Höhenmeter oberhalb der Stadt auf dem gleichnamigen Hausberg. Ruhebänke laden am Steilhang zum Verweilen ein. Bei einem Weg um den Turm entdeckt man noch Reste einer alten Befestigungsanlage, und in den Turmstuben kann man sich bei herrlichem Panoramablick kulinarisch verwöhnen lassen.

Autofahrer folgen nach der Überquerung der Münsterbrücke der Klütstraße bzw. Ausschilderung. Fußgänger zweigen von der Klütstraße links in den Finkenborner Weg ab und folgen dann der Redenallee zum Fuß des Hausberges, 20 Min. von der Innenstadt. Im Wald dann steiler bergan, nach Überquerung des Horizontalweges in mehreren Serpentinen zum Turm hinauf, weitere 30 Min. Wer gut zu Fuß ist, findet viele weitere ausgeschilderte Wege durch den Wald. So kann man auf einem Waldlehrpfad zum Forsthaus Finkenborn laufen (auch per Auto erreichbar). Dort befindet sich ein Wildgehege und Spielplatz für Kinder.

Tourist Information
Deisterallee 1
31785 Hameln
☎ 051 51-95 78 23
📠 051 51-95 78 40
🖥 www.hameln.de

Schöne Aussichten! – Türme im Bergland

Bodoturm und Ebersnackenturm im Vogler

Blick zum Bodoturm

Der Mittelgebirgszug vom Vogler erstreckt sich im Südosten von Bodenwerder und bildet zusammen mit dem Solling den Naturpark Solling-Vogler. Mit 460 m ist seine höchste Erhebung der Ebersnacken. Das Gebirge ist geprägt durch tiefe Täler, bewaldete Bergrücken und überrascht mit großartigen Fernblicken. Die Aussicht von der Plattform des 28 m hohen Holzskelett-Turms auf dem Ebersnacken dürfte zweifelsohne neben der vom Köterberg die umfassendste im ganzen Weserbergland sein. Wenn man die 123 Stufen erklommen hat, informiert eine Tafel, was man wo entdecken kann, und das ist an klaren Tagen sehr viel! Die Aussicht vom Stahl-Skelett des Bodoturms ist nicht ganz so umfassend, aber reizvoll durch den Tiefblick auf Bodenwerder.
Der Ebersnackenberg ist ein echtes Wanderziel, das manchen Schweißtropfen erfordert, beträgt der Höhenunterschied beim Aufstieg von Bodenwerder doch 380 m. Vom dortigen Zentrum geht es über die Weserbrücke und durch die Siedlung zum Waldrand. Dann folgt man der Ausschilderung zum Kamm und erreicht in südlicher Richtung zunächst den Bodoturm, 412 m. Weiter auf dem Kammweg, den Schildern Richtung Ebersnacken folgend, kommt man im Auf und Ab schließlich zum höchsten Punkt des Voglers. Ausgangspunkt im Süden ist Stadtoldendorf. Über das Kloster Amelungsborn mit sehenswertem Garten erreicht man Holenberg und steigt von dort hinauf zum Kamm und Turm auf dem Ebersnacken.

Der markante Ebersnackenturm

Naturpark Solling-Vogler
Lindenstraße 6, OT Neuhaus
37603 Holzminden
055 36-13 13
055 36-99 97 99
www.naturpark-solling-vogler.de

Schöne Aussichten! – Türme im Bergland

Der Köterberg –Turm

Das Köterberg-Haus

Der Köterbergturm

der Gastraum dann nochmals erweitert. Der Köterberg ist ein beliebter sonntäglicher Treffpunkt für Motorradfreunde, aber auch von Drachenfliegern oder Modellflugzeug-Freunden. Im Winter locken Skilift, Rodelbahn und Langlaufloipe. Der Gipfel kann bequem mit dem Auto und sogar Linienbus erreicht werden, zu Fuß auf markierten Wanderwegen z. B. von Polle, Holzminden oder Höxter.

Höchste Erhebung des Weserberglands ist zwar mit 528 m die Große Blöße im Solling, die beste Aussicht genießt man jedoch vom 497,8 m hohen Köterberg. Von der baumlosen Kuppe hat man an klaren Tagen den schönsten Rundblick Norddeutschlands, der 62 Ortschaften umfasst, von der Porta Westfalica zum Hermanns-Denkmal reicht, im Süden zum Herkules bei Kassel und im Osten bis zum Brocken im Harz.

Schon zu germanischen Zeiten wurde der Köterberg für weitreichende Feuerzeichen genutzt. Von 1813–1848 gab es hier einen optischen Telegraphen, die moderne Technik zog 1971 durch einen 80m hohen Fernmeldeturm ein, der von April–Oktober bestiegen werden kann. Heute empfängt man hier über 30 Fernsehstationen ohne Kabel und Satellit, und Funkamateure erreichen unvorstellbare Reichweiten. Die Wetterstation hat hier 1975 die höchste Windgeschwindigkeit Deutschlands gemessen.

Nachdem Wanderfreunde bereits 1905 einen ersten Turm auf dem Gipfel erbauten, entstand 1929 das heutige Berghotel Köterberg als Herberge im Baudenstil. 1942 wurde

Tourist Information Lügde e. V.
Am Markt 1
32676 Lügde
052 81-77 08-70
052 81-989 98-70
www.touristinformationluegde.de

Schöne Aussichten! – Türme im Bergland

Hugenottenturm und die Ruine Krukenburg

Die Krukenburg, eine Kirchenburg-Ruine aus dem 13. Jahrhundert

Während der Hugenottenturm einen fantastischen Ausblick auf Bad Karlshafen und das Wesertal bietet, hat man von der Krukenburg einen Blick hinunter auf den Stadtteil Helmarshausen und das Diemeltal.
Der Hugenottenturm ist eine Stiftung des Hugenottennachfolgers Johann Josef Davin und wurde 1913 erbaut. Ausgangspunkt für seine Besteigung ist eine Treppe gegenüber der Diemelbrücke. Während der bequemere Hauptweg in mehreren Serpentinen an Höhe gewinnt und auch für Kinder und Ältere geeignet ist, erfordert eine steilere Abkürzung gutes Schuhwerk. Von der Turmplattform lässt sich sehr gut die symmetrische Anlage des Stadtzentrums von Bad Karlshafen erkennen. Vom Hugenottenturm geht es zurück über den Aussichtspunkt Ludwigsstern und die Juliushöhe zu einem Schausteinbruch, wo der einst bedeutende Abbau des Weser-Sandsteins gezeigt wird. Weiter am Schäferhaus vorbei geht es zur Ruine Krukenburg.
Die mächtige Krukenburg thront über Helmarshausen, geht auf das 13. Jahrhundert zurück und ist eine Kirchenburg. Ursprünglich stand hier eine karolingische Holzkirche und nachfolgend die Heilig-Grab-Kirche. Die Burg diente einst dem Schutz des 1538 aufgelösten Klosters und wurde nie kriegsbedingt zerstört, sondern verfiel allmählich. Von der Anlage wurde der Bergfried komplett restauriert. So kommt man über eine beleuchtete Wendeltreppe auf die Turmplattform, die eine schöne Aussicht auf den Stadtteil Helmarshausen bietet.

Kurverwaltung Bad Karlshafen
Hafenplatz 8
34385 Bad Karlshafen
056 72-99 99-22
056 72-99 99-25
www.bad-karlshafen.de

Schöne Aussichten! – Türme im Bergland

Die Tillyschanze bei Hann. Münden

Aussicht auf Hann. Münden von der Tillyschanze

Den schönsten Blick über Hann. Münden hat man von der Tillyschanze. Umgeben von mächtigen Bergwäldern überragt der 27 m hohe auf dem Rabanenkopf stehende Turm die Dächer der Stadt um 90 Meter. 129 Stufen muss man überwinden, um die Aussichtsplattform zu erreichen.

Wenngleich der Turm an den Grafen Tilly erinnert, der während des Dreißigjährigen Krieges 1626 mit seinen Kanonen die Stadt belagerte, hatte sich dieser hier nicht verschanzt. Der Turmbau geht auf eine Idee von drei Bürgern zurück, die dafür zu Spenden aufriefen. Aufgrund der Spendenfreudigkeit konnte man sofort einen Steinbau errichten, der von 1881–1885 fertig gestellt wurde. Dazu gehörte auch eine Altertümer- und Waffensammlung, von der später ein Teil ins Städtische Museum gebracht wurde. Umgeben wird die Tillyschanze von einem Graben, der vermutlich einer alten Burg zuzurechnen ist.

Auf der Turm-Rückseite befindet sich eine Waldgaststätte, die schon in Hessen liegt. So wohnen die Wirtsleute in der flächenmäßig zweitgrößten Gemeinde Hessens, dem Forstgutsbezirk Reinhardswald, wo das Forstamt hoheitliche Aufgaben inne hat. Ihre Briefe erhalten sie dagegen über ein Postfach im niedersächsischen Hann. Münden. Der Turm ist von Mai bis September täglich außer montags, in der übrigen Zeit von Mittwoch bis Sonntag geöffnet. Vom Stadtzentrum erreicht man über die Pionierbrücke das Westufer der Fulda, von wo ein steiler Weg zum Aussichtsturm hinaufführt.

Der Tillyschanzen-Turm

Tourist-Information
Rathaus/Lotzestraße 2
34346 Hann. Münden
055 41-75 313
055 41-75 404
www.hann.muenden.de

Schöne Aussichten! – Türme im Bergland

Der Annaturm im Deister

Auf dem Weg zum Annaturm im Deister

Im Deister liegen gleich drei Aussichtstürme, die bei einer Durchquerung berührt werden können, bei Bad Nenndorf der Strutzbergturm, bei Nienstedt der Nordmannsturm und schließlich im südlichen Teil des Deisters der Annaturm. Dieser steht auf dem 405m hohen Bröhm, der höchsten Erhebung des Deisters. Seine Aussichtsplattform in 433m Höhe ist gleichzeitig der höchste Punkt im Landkreis Hannover.

Der heutige Annaturm wurde als sechster Turm an dieser Stelle aus Betonfertigteilen errichtet. Eine enge Wendeltreppe mit 117 Stufen führt zur Aussichtsplattform hinauf, die bei gutem Wetter eine Sicht vom Steinhuder Meer bis Hannover und weit ins Weserbergland bietet. In unmittelbarer Nachbarschaft liegt das gleichnamige Ausflugslokal. Montags sind Restaurant und Aussichtsturm geschlossen.

Auf Veranlassung vom Mathematiklehrer Professor Gauß wurde hier 1834 der erste noch namenlose Turm errichtet, der als trigonometrischer Punkt der Landvermessung diente. Nach seinem Verfall errichtete man 1867 einen zweiten Vermessungsturm. 1879 erfolgte der dritte Turmbau, und hier stand Anna Brauns, die Ehefrau des beauftragten Maurermeisters, bei der Taufe Pate. 1888 ließ der Hannoversche Touristenverein dann einen vierten Turm errichten und 1904 einen fünften.

Der Annaturm ist aus verschiedenen Richtungen zu erreichen, z. B. auf dem breiten Kammweg vom Parkplatz Nienstedter Pass, vom Wander-Parkplatz Köllnischfeld oder von geübteren Wanderern direkt von Springe.

Tourist-Information
Auf dem Burghof 1
31832 Springe
050 41-732 73
050 41-58 85
www.springe.de

Schöne Aussichten! – Türme im Bergland

Ith-Turm bei Lauenstein

Blühender Lerchensporn beim Ith-Turm

Der Ith ist ein 27 Kilometer langer Höhenzug östlich der Weser. Seine höchste Erhebung ist der 439 m hohe Krüllbrink, gleichzeitig Standort des Ith-Turms. Große Teile stehen unter Naturschutz. Seine zahlreichen Klippen sind bei Kletterern beliebt, während ein Besuch der Höhlen sich nicht weiter lohnt. Der Hangaufwind bietet aber optimale Bedingungen für Segelflieger, die sich hier gern ein Stelldichein geben.

Ausgangspunkt der Wandertour ist der Parkplatz Lauensteiner Pass (278 m) an der Straße von Lauenstein nach Harderode. Von dort hält man sich nordwärts, später leitet ein Wegweiser links hinauf zum Kamm. Bereits dort bietet sich vom Rand eines gewaltigen Steinbruchs eine weite Aussicht. Danach wird der Kammweg breiter, doch locken Trampelpfade immer wieder zu Abstechern, bevor schließlich der Turm erreicht ist. Bereits von seinen Füßen hat man einen schönen Tiefblick, sollte jedoch den Aufstieg zur Aussichtsplattform nicht scheuen.

Besonders im Frühjahr lohnt ein Besuch. Der Buchen- oder Mischlaubwald sorgt dann für das Entstehen einer Frühlingswiese mit etlichen Pflanzen, darunter Lerchensporn, der im Turmbereich sehr verbreitet ist. Im April verwandelt sich der Waldboden in einen weiß- und lilablühenden Teppich. Im Mai folgt eine zweite Blüte, und die umliegenden Rapsfelder mit ihren leuchtend gelben Farben sind nun ein weiterer Blickfang vom Turm. Geübte Wanderer können noch zu den nördlich gelegenen Klippen laufen, zurück geht es dagegen auf einem etwas tiefer verlaufenden Parallelweg.

Flecken Salzhemmendorf
Hauptstraße 2 (Rathaus)
31020 Salzhemmendorf
051 53-808-0
051 53-808-36
www.salzhemmendorf.de

Spaß am Entdecken
Attraktive Museen

Vielfältiger als im Weserbergland könnte die Museumslandschaft kaum sein. Neben vielen Stadt- und Regionalmuseen stehen Themen wie z. B. Glas, Porzellan, Korbmacher, Oldtimer, Preußen, die Hugenotten, Apotheken oder sogar Hubschrauber im Mittelpunkt der Ausstellungen. Da sollte wirklich für jeden Geschmack etwas dabei sein!

Spaß am Entdecken – Attraktive Museen

Mindener Museum

In diesen romantischen Häusern ist das Museum Minden untergebracht

Auch in Minden findet man zahlreiche Bürger- und Patrizierhäuser im Stil der Weserrenaissance. So bilden solche restaurierte Giebelhäuser aus dem 16. Jahrhundert den reizvollen Rahmen des Mindener Museums für Geschichte, Landes- und Volkskunde.

Bereits 1922 eröffnet, bietet das Museum heute auf 1000 qm Fläche mehrere Dauer- wie auch wechselnde Sonderausstellungen. Ein Schwerpunkt sind Wohnformen, alte Gerätschaften und die Arbeitswelt vom 18. bis 20. Jahrhundert. In der Abteilung Ur- und Frühgeschichte haben einerseits archäologische Funde aus dem Kreis Minden-Lübbecke Platz gefunden, andererseits Ausgrabungen vom 9. bis 16. Jahrhundert aus dem Stadtzentrum von Minden. Ein anderer Bereich ist der Stadtgeschichte gewidmet. Die Trachtenausstellung zeigt Beispiele der früher typischen ländlichen Kleidung aus dem Mindener und Schaumburger Raum und gilt als umfangreichste Sammlung Norddeutschlands. Die Modeabteilung widmet sich schließlich der früheren normalen Alltagskleidung Westfalens. Steinerne Geschichtszeugen sind die Bruchstücke von Reliefs, Grabsteinen und Gebäudefragmenten.

Eine Besonderheit des Museums ist Deutschlands einzige ständige Ausstellung zum Thema Kaffee. Zu diesem wichtigen Welthandelsprodukt hat Minden eine ganz besondere Beziehung, sitzt hier doch die weithin bekannte Firma Melitta. Themen der Ausstellung sind Anbaugebiete und Vermarktung, Zubereitung und Genuss, Kaffeeverbote und Ersatzstoffe.

Mindener Museum
Ritterstraße 23 – 33
32423 Minden
☏ 05 71-972 40-10/-20
📠 05 71-972 40-40
🖥 www.minden.de

Spaß am Entdecken – Attraktive Museen

Preußen-Museum NRW Minden

In der Ausstellung „Die Wirtschaft im 19. Jahrhundert"

Eingangsfoyer des Museums

In Minden begegnet man preußischen Spuren auf Schritt und Tritt, denn mit dem westfälischen Frieden von 1648 wurde man brandenburgisch-preußische Verwaltungs-, Festungs- und Garnisonsstadt. So erinnert das Museum an die lange Zeit der Preußen in Westfalen. Es befindet sich in der ehemaligen Defensionskaserne von 1829, dem frühesten baulichen Zeugnis des preußischen Klassizismus in Minden. Mit einer repräsentativen Schmuckfassade zum Simeonsplatz hin und im Inneren mit einer Gewölbe- und Rundbogenarchitektur ist das Gebäude ein faszinierendes Bauwerk und bietet einen würdevollen Rahmen für das Museum.

Die Ausstellung erstreckt sich über drei Etagen mit einer Fläche von mehr als 2000 qm und zeigt die Vielfalt der westfälisch-preußischen Geschichte, die nicht nur im Zusammenhang mit der sprichwörtlichen „Pickelhaube" steht. Während Erd- und Dachgeschoss für Sonderaustellungen und das Dachgeschoss für Veranstaltungen zur Verfügung stehen, findet man im ersten Obergeschoss die Dauerausstellung „Preußen in Westfalen". Dort wird die Geschichte vom 17. Jahrhundert bis 1947 anhand zahlreicher Originale, aufwändiger Inszenierungen und audio-visueller Ausstellungsmedien präsentiert.

Sonderausstellungen, Lesungen, Vorträge, Themenführungen und ausstellungsbegleitende Programme gehören zum ständigen Angebot des Museums. Es ist montags und freitags geschlossen.

Preußen – Museum NRW
Simeonsplatz 12
32427 Minden
📞 05 71-837 28-0 (Verwaltung)
📞 05 71-837-24 (Info, Führungen)
📠 05 71-837 28-30
🖥 www.preussenmuseum.de

Spaß am Entdecken – Attraktive Museen

Motor-Technica Museum Bad Oeynhausen

Oldtimer-Fahrzeuge und Motorräder im Motor-Technica Museum

Auf dem Freigelände um die neun Hallen sind alte Werkzeugmaschinen, Lokomotiven, Flugzeuge und Panzerfahrzeuge ausgestellt.

Das Museum ist von Mitte/Ende März bis Ende Dezember täglich geöffnet, in der übrigen Zeit nur samstags und sonntags. Sonderausstellungen sorgen für weitere Abwechslung.

Im Osten von Bad Oeynhausen liegt unweit vom Autobahnkreuz eines der großen Oldtimer-Museen Deutschlands und versetzt die Besucher in vergangene Zeiten zurück.

Die rund 150 ausgestellten Automobile zwischen 1887 und 1970 spiegeln ein Stück Kultur der letzten Jahrzehnte wider und werden vor nostalgischer Kulisse entlang nachgebauter Häuserfassaden und gemalten Wandbildern aus den Baujahren der Oldtimer präsentiert. Das älteste Modell ist der Prototyp der Daimler Motorkutsche aus dem Jahre 1887, das jüngste Stück ein silbermetallic-farbener Mercedes SL von 1970.

Auf die Liebhaber von Zweiräder warten über 300 Motorräder vom Daimler Reitrad aus dem Jahre 1886 bis zu einer BMW K 100 von 1983.

Zu den ausgestellten Kostbarkeiten gehören beispielsweise der Mercedes-Kaiser-Wagen, Baujahr 1912, ein Steiger von 1923 oder ein weißes Mars-Motorrad aus dem Jahre 1922. Erleben können Besucher auch eine Reparaturwerkstatt aus den 50er Jahren oder können sich in einem Ford T von 1919 fotografieren lassen. Unrestaurierte Uraltmodelle sind schließlich in der Scheune zu bewundern.

Oldtimer-Parade im Motor-Technica-Museum

Motor – Technica Museum
Weserstraße 225
32547 Bad Oeynhausen
☎ 057 31-99 60
📠 057 31-924 12
🖥 www.oldtimer-info.de

Spaß am Entdecken – Attraktive Museen

Museum Hameln

Leist- und Stiftsherrenhaus, Sitz des Museums in Hameln

Die Osterstraße in der Innenstadt von Hameln wartet mit schönen Fassaden im Stil der Weserrenaissance auf. In zwei dieser Bauten ist das Museum untergebracht. Das Stiftsherrenhaus (1556–1558), das mit der Traufseite an der Straße steht und dessen Fachwerk zahlreiche Schnitzereien aufweist, bildet zusammen mit dem benachbarten Leisthaus (1585–1589), dessen Giebel sich der Straße zuwendet, ein prächtiges kunsthistorisches Ensemble.

Das Museum zeigt die Kulturgeschichte der Stadt Hameln und des Weserberglandes. Natürlich findet man dort auch eine ausführliche Dokumentation über die Rattenfängersage. Es ist aber insofern ein ganz besonderes Museum, weil in verschiedenen anderen Ausstellungen weitere Bereiche zwischen Vergangenheit und Gegenwart präsentiert werden. So findet man hier ein Münzkabinett, wo seltene Münzen aus den letzten 800 Jahre ngezeigt werden und die Geldprägung erklärt wird. Ein anderer Bereich ist der Keramikwerkstatt Delius gewidmet, deren Produkte beliebte Sammelobjekte sind. Ein 12 qm großes Modell mit 11 000 Zinnsoldaten zeigt die Schlacht von Langensalza, wo sich 1866 preußische und hannoversche Truppen gegenüber standen. Außerdem werden Waffen, Uniformen, Orden und Ehrenzeichen von 1550–1945 ausgestellt. Weitere Themen sind die Zinngießerei (15. bis ins 19. Jahrhundert) oder auch das 1701 in der Glashütte Osterwald eingeführte neue Verfahren in der Glasherstellung.

Rattenfänger-Bronzefigur im Museum Hameln

Museum Hameln
Osterstraße 8–9
31785 Hameln
☎ 051 51-202-215/216
📠 051 51-202-815
🖥 www.hameln.de/museum/

Spaß am Entdecken – Attraktive Museen

Glasmuseum Boffzen

Das Museumsgebäude

Boffzen liegt 3 km südöstlich von Höxter und ist Sitz eines Glasmuseums, das die Geschichte der örtlichen Glasindustrie dokumentiert. Es ist in einer Fabrikantenvilla von 1900 untergebracht und von April bis Oktober geöffnet.

Urkundlich ist die erste Waldglashütte bei Rottmünde in der Gemarkung Boffzen 1541 nachgewiesen. Die Glasmacherfamilie Becker, die 1406 die älteste Glasmachervereinigung Deutschlands mit gründete, betrieb hier bis 1989 die Georgshütte. Holzformen unterstützten seinerzeit die Herstellung im Mundblasverfahren. Von 1935 bis in die 50er Jahre war auch die Glasmalerei in Boffzen verbreitet. Zwischen dem ursprünglichen Mundblasverfahren und der vollautomatischen Glasproduktion gibt es eine Vielzahl halbautomatischer Produktionsprozesse, die im Laufe der Geschichte benutzt wurden. In der Boffzener Glashütte Noelle + von Campe, die auf 1866 zurückgeht, erfolgt die Produktion heute vollautomatisch im Pressblasverfahren.

Das Museum zeigt die Entwicklung der Glasherstellung in den letzten 150 Jahren der Industrialisierung und gibt Informationen zur Gründung der Glashütten um Boffzen, zu alten und neuen Produktionsabläufen, über Zu- und Abwanderungen von Glasmachern sowie über die Architektur von Arbeiterwohnhäusern und Fabrikantenvillen. Zu den Ausstellungstücken gehören u. a. fast die gesamte deutsche Bierglasproduktion der 50er und 60er Jahre, Weingläser, Konserven, alte Werkzeuge und mehr.

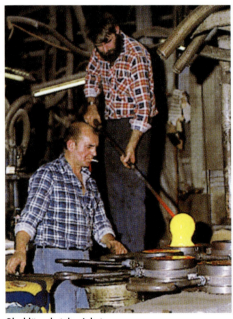

Glasbläser bei der Arbeit

Glasmuseum Boffzen
Bahnhofstr. 9c
37691 Boffzen
☎ 052 71-4 99 09 oder 95 60-24
📠 052 71-55 21
🖥 www.boffzen.de

Spaß am Entdecken – Attraktive Museen

Porzellanmuseum im Schloss Fürstenberg

Die berühmte „Kaffeegesellschaft"

Der Ort Fürstenberg liegt 90 m über der Weser und bietet ein prachtvolles Panorama. Hier gründete 1747 Herzog Carl I. von Braunschweig eine der ältesten Porzellanmanufakturen Deutschlands.

Das Schloss geht auf eine Burg aus dem 13. Jahrhundert zurück, die um 1600 zu einem Jagdschloss umgebaut wurde. Seit Gründung der Manufaktur produziert man am gleichen Standort, gab jedoch das Schloss als Fabrikationsstätte 1972 auf und produziert seither in der Nachbarschaft. Da die hier gefundene Tonerde der von Meißen nur wenig nachsteht und sich das hiesige Porzellan durch vorzügliche Malerei und Formen auszeichnet, hat es heute Weltgeltung. Seit 1753 trägt es als Markenzeichen ein blaues F. Neben Tafelgeschirr mit einer breiten Palette von alten und neuen Dekoren stellt man auch Plastiken her.

Im restaurierten Schloss mit einmaligem Treppenhaus befindet sich Norddeutschlands einziges Porzellanmuseum. Hier werden drei Jahrhunderte Porzellankultur aus Fürstenberg dokumentiert. Wechselnde Ausstellungen zeigen Werke aus den Bereichen Kunst und Gestaltung, das Herstellungsverfahren wird in einem Film erläutert. Einzelne Techniken werden auch an Arbeitsplätzen in der Ausstellung vorgeführt.

Schlosshof und Park bieten Ruhe und Entspannung, das Restaurant verwöhnt kulinarisch, und im einstigen Pferdestall kann man das Porzellan und Souvenirs kaufen. Hier finden aber auch Kurse in Porzellanmalerei, Konzerte, Theateraufführungen und andere Veranstaltungen statt.

Kurs in Porzellanmalerei

Porzellanmuseum im Schloss Fürstenberg
Meinbrexener Straße 2
37699 Fürstenberg/Weser
📞 052 71-401-161
📠 052 71-401-41 63
🖥 www.fuerstenberg-porzellan.com

Spaß am Entdecken – Attraktive Museen

Korbmacher – Museum Dalhausen

Korbmacherfigur vor dem Museum

Wenige Kilometer abseits der Weser liegt Dalhausen im Tal der Bever als Teil der Großgemeinde Beverungen. Es ist das westfälische Korbmacherdorf schlechthin, denn dieses Gewerbe reicht hier bis ins 12. Jahrhundert zurück. Im Museum wird die Tradition dieses Handwerks auch zukünftigen Generationen lebendig erhalten.

Der Korb war einst der wichtigste Transportbehälter und ersetzte Holzkisten für Obst und Gemüse, den teuren Lederkoffer für die Reise und Plastiktüten für den Einkauf. Korbmöbel schließlich erfreuten sich Ende des 19. Jahrhunderts großer Beliebtheit. Ob Kinderwagen, Teppichklopfer, Wäschepuffs, Papierkörbe – überall war die Flechtkunst gefragt.

In den zwölf Räumen des Museums zeigen die Exponate aus dem 19. und 20. Jahrhundert ein facettenreiches Bild dieses Handwerks. Man erfährt etwas über die Arbeitsvorgänge vom Rohstoff Weide bis zum fertigen Korbprodukt, lernt eine bunte Palette unterschiedlicher Körbe kennen und diverse Möbel – vom Sessel bis zum Deckliegestuhl für Schiffe.

Die alte handwerkliche Tradition lebt heute noch in der angegliederten Korbmacher-Werkstatt fort oder einer der wenigen verbliebenen Korbflechtereien im Ort selbst, denn durch preiswerte Korbwarenimporte und Einführung von Kunststofferzeugnissen ging das heimische Gewerbe in den 50er Jahren des vorherigen Jahrhunderts seinem Ende entgegen. Das Museum ist von April bis Oktober dienstags bis sonntags nachmittags, am Samstag und Sonntag auch vormittags geöffnet.

Korbmacher in Dalhausen

Korbmacher – Museum Dalhausen
Lange Reihe 23, OT Dalhausen
37688 Beverungen
☎ 056 45-18 23

Städtisches Verkehrsamt
Weserstraße 10
37688 Beverungen
☎ Tel. 052 73-39 22 21
📠 052 73-39 21 20
💻 www.beverungen.de

Spaß am Entdecken – Attraktive Museen

Deutsches Hugenottenmuseum Bad Karlshafen

Die Cevennenstube im Hugenottenmuseum

Das Museum liegt gegenüber vom Rathaus und ist in den ehemaligen Räumlichkeiten einer Zigarrenfabrik untergebracht. Hier findet man die umfassendste Sammlung zu ihrer Verfolgung in Frankreich bis zu ihrem Leben im hessischen Exil und zur Geschichte der von Hugenotten gegründeten Stadt Bad Karlshafen. Neben dem Museum befinden sich im Haus eine genealogische Forschungsstelle sowie Bibliothek und Bildarchiv der Deutschen Hugenotten-Gesellschaft.

Die Katholiken nannten die französischen Anhänger des Kirchenreformators Calvin „les Huguenots", die Hugenotten. Das rasche Anwachsen ihrer Anhängerzahl war für die französischen Könige Grund genug die Anerkennung ihres Glaubens zu unterdrücken. Acht erbitterte Glaubenskriege und Repressionen waren für viele Hugenotten schließlich Anlass für die Auswanderung.

Dem hessischen Landgrafen Carl von Hessen-Kassel waren sie hochwillkommen und er räumte ihnen sogar verschiedene Privilegien ein, denn er träumte von der Gründung einer Hafenstadt an der Mündung der Diemel. Im Sommer 1699 erreichten die ersten Glaubensflüchtlinge das damalige öde Sumpfland, das im Herbst bereits soweit aufgeschüttet und befestigt war, dass am 18. September 1699 der erste Grundstein gelegt werden konnte. So entstand in der Folgezeit Karlshafen als repräsentative Barockstadt nach mathematischem Grundprinzip. Höhe, Breite und Tiefe aller Häuser haben das Verhältnis zwei zu drei.

Deutsches Hugenotten-Museum
Hafenplatz 9a
34385 Bad Karlshafen
056 72-14 10
056 72-92 50 72
www.hugenottenmuseum.de

Spaß am Entdecken – Attraktive Museen

Hubschraubermuseum Bückeburg

Der Burgmannshof mit der Ausstellungshalle des Hubschraubermuseums

Im unter Denkmalschutz stehenden ehemaligen Burgmannshof, der 1463 erstmals erwähnt wurde und zweimal abbrannte, residiert seit 1971 das international bekannte einzigartige Hubschraubermuseum.

Als Erfinder des Hubschraubers gilt Leonardo da Vinci, dessen Entwurf „Helix" von 1483 zur Grundlage der Hubschrauberfliegerei wurde. Doch es dauerte dann noch über 400 Jahre, bis man Anfang des 20. Jahrhunderts Versuche mit Modellen aufnahm. Der erste freie Flug eines Tandem-Hubschraubers gelang dann am 13. November 1907 südlich von Le Havre.

Inspiriert durch seine Hubschrauberführer-Ausbildung in den USA begann der Pilot Werner Noltemeyer 1957 damit, alles rund um die Vertikalflugtechnik zu sammeln. Aus dieser Sammlung zur Geschichte und Technik der Drehflügler und Senkrechtstarter von den ersten Anfängen bis zur Gegenwart entstand das heutige Museum. Es residierte dann bis 1970 auf dem Kasernengelände und war nur den Soldaten und wenigen Sondergästen vorbehalten. Mit dem Umzug in den Burgmannshof wurde der Förderverein Hubschrauberzentrum e.V. als Träger des Museums gegründet und dies nun auch der Öffentlichkeit zugänglich gemacht. 1980 wurde es dann noch um die große Ausstellungshalle erweitert.

Zu den über 40 Exponaten gehören ein- und mehrmotorige Hubschrauber, Flug- und Tragschrauber verschiedener Bauarten und Epochen und mehr. Im Archiv werden Fotos, Filme und Dokumente über die Hubschraubertechnik gesammelt. Das Museum ist täglich geöffnet.

Hubschraubermuseum Bückeburg
Sablé Platz 6
31675 Bückeburg
☎ 057 22-55 33
📠 057 22-715 39
🖥 www.hubschraubermuseum.de

Spaß am Entdecken – Attraktive Museen

Museum Amtspforte Stadthagen

Außenansicht des Museums Amtspforte

Vor dem Schloss steht die 1553 erbaute Amtspforte, über drei Jahrhunderte lang Verwaltungs-, Gerichts- und Gefängnisgebäude des Amtes Stadthagen und ein Wahrzeichen der Stadt. Ab 1900 wurde es als Wohnhaus genutzt und beherbergt seit 1963 das Museum, welches nach Sanierungsarbeiten 1992 neu eröffnet wurde. Das einzigartige Fachwerkhaus zeigt eine herrliche Holzarchitektur an den Füllungen und Ständern, daneben zieren 23 Stahlrosetten die Giebelseiten. Einzigartig sind die mit Perlenreihen und Bändern ausgefüllten Schiffskehlen.

Die Museumsausstellung erstreckt sich über drei Etagen. Schwerpunkte sind die Geschichte der Stadt seit ihrer Gründung, ihr Wirtschaftsleben im 19. und 20. Jahrhundert sowie im Zusammenhang mit dem Amt Stadthagen Schaumburger Trachten.

Im Erdgeschoss beeindrucken die kostbaren Trachten des Schaumburger Landes, darunter ein Doppelhochzeitszug. Daneben werden aus der Steinzeit Mammutbackenzähne und ein großer Mammutstoßzahn gezeigt. Im ersten Obergeschoss kann man das Wirtschaftsleben im 19./20. Jahrhundert nachempfinden. Gezeigt werden Gegenstände aus verschiedenen Betrieben, darunter eine Geigenbauwerkstatt. Interessant ist auch ein Modell der Stadtpferdebahn, die von 1897 bis 1930 verkehrte. Bäuerliches Wohnen und sakrale Kleidung sind schließlich Ausstellungsschwerpunkt im zweiten Obergeschoss. Zu sehen ist u. a. eine Bauernstube um 1890 sowie Gerätschaften, die für den Flachsanbau bis hin zur Leinengewinnung benötigt wurden.

Wagen der alten Pferde-Straßenbahn

Museum Amtspforte Stadthagen
Obernstraße 32A
31655 Stadthagen
057 21-92 49 00
www.stadthagen.de

Spaß am Entdecken – Attraktive Museen

Museum im Schloss Bad Pyrmont

Das Schloss aus dem 18. Jahrhundert ist Sitz des Historischen Museums

Die Grafen von Spiegelberg ließen 1526–1536 nahe den Heilquellen eine Festungsanlage errichten, in deren südwestlicher Ecke 1557–1562 ein Schloss erbaut wurde. Letzteres wurde im Dreißigjährigen Krieg stark beschädigt. Auf den Fundamenten ließ Graf Friedrich Anton Ulrich von Waldeck und Pyrmont 1706–1710 ein Barockschloss als Sommerresidenz errichten. Im 18. Jahrhundert wurde es mehrfach verändert und die Festungsanlagen wieder instand gesetzt. Das Museum ist damit gleichzeitig das Herzstück eines Schlosses mit imposanter Festungsanlage.

Als Heimatmuseum mit Sammlungen zur Geschichte von Bad Pyrmont 1908 gegründet, zog das Museum nach Abschluss von Instandsetzungs- und Restaurierungsarbeiten an Schloss und Festung hier 1987 ein. Schwerpunkt der Sammlungen sind natürlich die Bedeutung der Heilquellen für die Entwicklung der Stadt und die Geschichte als Badeort. Die Fest- und Wohnräume in der Beletage sind einerseits historische Schauräume, andererseits eine Gemäldegalerie von hoher Qualität, u.a. mit Werken von Johann Heinrich Tischbein d. Ä. Überregionale Bedeutung hat das Museum aber durch seine vorzüglichen Sonderausstellungen.

Die Außenanlagen können jederzeit besichtigt werden, das Museum täglich außer montags. Jeden Dienstag und Donnerstag veranstaltet das Museum um 15 Uhr eine Führung durch Schloss und Festung, die einzige aus dem 16. Jahrhundert in ganz Norddeutschland. Das Schloss wird auch für andere kulturelle Veranstaltungen wie Konzerte oder Lesungen genutzt.

Museum im Schloss Bad Pyrmont
Schlossstraße 13
31812 Bad Pyrmont
☎ 052 81-94 92 48
📠 052 81-96 91 26
🖥 www.museum-pyrmont.de

Spaß am Entdecken – Attraktive Museen

Apotheken-Museum Hofgeismar

Gerätschaften zur Arzneimittelherstellung

Das Apothekenwesen in Hofgeismar hat Tradition, denn bereits 1652 eröffnete Georg Vilmar am Marktplatz die erste Apotheke. Heute kann man aus dieser langen Apothekengeschichte komplette Ausstattungen und Kuriositäten im sehenswerten „Steinernen Haus", einem Bau aus dem 13. Jahrhundert, besichtigen.

Im Kellergeschoss des Museums findet man u. a. Gerätschaften, die der Arzneimittelherstellung dienten. Im Erdgeschoss sind dagegen nur wenige museale Einzelstücke ausgestellt, damit die Atmosphäre des Raumes mit seinen dicken Mauern, einer Balkendecke und einer zentralen Säule erhalten bleibt. Die Einrichtung im darüber liegenden ersten Obergeschoss stammt aus der Hubertus-Apotheke, die 1949 in Hofgeismar gegründet wurde. Hier werden im Wechsel pharmazeutische Tätigkeiten dargestellt oder Sonderausstellungen präsentiert. Im zweiten Obergeschoss ist eine Apotheker-Werkstatt aus 1768 rekonstruiert worden. In ihren Regalen findet man jetzt eine Palette pharmazeutischer Gefäße aus zwei Jahrhunderten. Neben der Apotheken-Werkstatt befindet sich auf dieser Etage auch eine Bibliothek. Im ersten Dachgeschoss wurde die Einrichtung der „Sanderschen Hirsch-Apotheke" von 1801 originalgetreu wieder aufgebaut, welche bis 1974 genutzt wurde. Erwähnenswert ist auch der Museumsgarten mit einheimischen Kräutern und Heilpflanzen. Mit den Büchern aus der Bibliothek sind jederzeit Pflanzenbestimmungen möglich. Das Museum ist täglich außer samstags zu unterschiedlichen Zeiten geöffnet.

Apotheken-Museum Hofgeismar
Apothekenstraße 5
34369 Hofgeismar
📞 056 71-737
📠 056 71-99 35 30

Abenteuer Freizeit
Zu Lande, zu Wasser und in der Luft

Das Weserbergland lockt mit einer Fülle verschiedener Aktivitäten, die hier gar nicht alle genannt werden können. Besonders Radfahrer kommen auf ihre Kosten, gehört doch der Weser-Radweg zu den beliebtesten in ganz Deutschland. Auf Wanderer warten attraktive Routen, Golfer finden mehrere schön angelegte Golfplätze, und wer in die Luft gehen möchte, kann zwischen Rundflügen, Segelfliegen, Fallschirmspringen und Heißluftballon wählen. Die Erkundung der Weser ist dagegen gemütlich per Schiff oder aktiv mit Kanu oder Floß möglich. Rustikal sind schließlich Planwagen-Fahrten durch das Weserbergland.

Abenteuer Freizeit – Zu Lande, zu Wasser und in der Luft

Weserbergland-Wanderweg

Das waldreiche Weserbergland wird von einem dichten Netz von ausgeschilderten Wanderwegen durchzogen. Verschiedene Naturschutzgebiete, über 40 Aussichtstürme und malerische Aussichten auf die Weser belohnen für manche Mühen. Ausgangspunkt der Touren sind nicht nur die Städte, sondern auch viele Wanderparkplätze. Dort informieren Hinweistafeln über die Sehenswürdigkeiten der Umgebung sowie über Länge und Markierung der Rund- und Streckenwanderwege.

Eine echte Herausforderung für Naturfans ist der 210 km lange Weserbergland-Wanderweg zwischen Hann. Münden und Minden. Die ganze Strecke ist durchgehend mit der Markierung „XW" gekennzeichnet.

Wer es unkompliziert mag, kann ein Pauschalprogramm buchen, das die Übernachtungen und den Gepäcktransport einschließt.

Der Ablauf:
Tag 1 Anreise nach Hann. Münden
Tag 2 Hann. Münden–Sababurg (26 km), Transfer nach Gottsbüren
Tag 3 Gottsbüren–Bad Karlshafen (15 km)
Tag 4 Bad Karlshafen–Neuhaus (25 km)
Tag 5 Neuhaus–Stadtoldendorf (24 km)
Tag 6 Stadtoldendorf–Bodenwerder (28 km)
Tag 7 Bodenwerder–Hameln (33 km), alternativ Bodenwerder–Hämelschenburg (23 km) und Transfer nach Hameln
Tag 8 Hameln–Rohdental (27 km)
Tag 9 Rohdental–Porta Westfalica (30 km)
Tag 10 Abreise.

Wanderer-Rast an der Weser in Rinteln

Unterwegs auf Schusters Rappen

SRJ Gäste-Service
Gneisenaustraße 4
32423 Minden
☎ 05 71-889 19 00
📠 05 71-889 19 93
🖥 www.srj.de

Weitere Pauschalangebote mit und ohne Gepäcktransport werden von verschiedenen örtlichen Tourist-Informationen angeboten.

Abenteuer Freizeit – Zu Lande, zu Wasser und in der Luft

Der Weser-Radweg und andere beliebte Touren

Weserradweg bei Rühle

Das Weserbergland per Drahtesel zu erkunden, erfreut sich hoher Beliebtheit. Nicht umsonst gehört der Weser-Radweg zu den attraktivsten Radfernwegen Deutschlands. Er wird ergänzt durch etliche Fernradwege abseits der Weser. Bei mehrtägigen Touren bieten verschiedene Organisationen ein Paket aus einer Hand, nämlich auf Wunsch Leihfahrräder, ferner die Buchung der Übernachtungen, Gepäcktransport sowie Radkarte. Die nachfolgenden Radwandervorschläge stellen absolut nur eine Auswahl da und erheben keinen Anspruch auf Vollständigkeit.

Der Weser-Radweg
(www.weser-radweg.de)
Zumindest in der Hochsaison erlebt man auf diesem äußerst beliebten Fernradweg keine Einsamkeit. Er ist mit einem entsprechenden Symbol durchgehend gekennzeichnet und kann eigentlich nirgendwo verfehlt werden. Schweißtreibende Steigungen sind äußerst selten. Trotzdem ist es ratsam, eine mehrtägige Radtour in Hann. Münden zu beginnen, da man aus dieser Fahrtrichtung das Fahrrad wird selten schieben müssen. Wer seine Radwandertour nicht selbst planen möchte, kann sich eine Tour nach Wunsch zusammenstellen lassen, z. B. eine sechstägige Tour von Hann. Münden nach Minden, die dann wie folgt aussehen könnte:

Tag 1: Anreise nach Hann. Münden,
Tag 2: Hann. Münden–Wahmbeck (35 km),
Tag 3: Wahmbeck–Holzminden (46 km),
Tag 4: Holzminden–Hameln (55 km),
Tag 5: Hameln–Porta Westfalica (58 km),
Tag 6: Porta Westfalica–Minden, Abreise (7 km)
Die Pauschalpakete umfassen Gepäck- und Rücktransfer, Leihräder und die Unterkunftsbuchung.

Nichts geht über gutes Kartenstudium

SRJ Gäste
Gneisenaustraße 4, **32423 Minden**
☎ 05 71-88 91 900
📠 05 71-88 91 993
💻 www.srj.de

Service Touristik-Information Uslarer Land
Mühlentor 1, **37170 Uslar**
☎ 055 71-92 24-0
📠 055 71-92 24-22
💻 www.uslarer-land.de

Abenteuer Freizeit – Zu Lande, zu Wasser und in der Luft

Radlergruppe bei Bad Karlshafen

Tag 1: Hann. Münden–Bursfeld–Oedelsheim (25 km)
Tag 2: Oedelsheim–Bad Karlshafen–Trendelburg–Hofgeismar (40 km)
Tag 3: Hofgeismar–Sababurg–Hann. Münden (40 km)

Ein Höhepunkt für Radler, das „Felgenfest", findet am letzten Sonntag im Mai statt. Dann sind 55 Straßenkilometer zwischen Bodenwerder und Rinteln gänzlich für den Autoverkehr gesperrt und ein buntes Rahmenprogramm entlang der Strecke sorgt für einen erlebnisreichen Tag.

Deisterkreisel
Der Rad-Rundweg um den Deister bietet viel Abwechslung und ist etwa 100 km lang. Er ist für jedermann befahrbar und verfügt über hübsche Rastplätze. Pauschalen mit Übernachtungen und Kartenmaterial können über die Tourist-Informationen Bad Münder, Bad Nenndorf oder Springe gebucht werden.

Schaumburger Entdeckungstour
(www.schaumburg.de)
Das Schaumburger Land mit seiner vielfältigen Landschaft auf für Radler gut befahrbaren Wegen zu entdecken, verspricht diese Rundtour. Die Tagesetappen sind so bemessen, dass man ohne Zeitdruck Natur und Kultur genießen kann. Die Rundtour führt in sechs Tagen von Bad Nenndorf zum Steinhuder Meer, weiter über Bückeburg nach Rinteln und zurück über Bad Eilsen, Obernkrichen und Stadthagen. Pauschalpakete sind über die Tourist-Information Bad Nenndorf buchbar.

Radler bei der Grohnder Fähre

Weser- und Diemelradweg
(www.diemelradweg.de)
Die Diemel ist ein Nebental der Weser und durch einen rund 110 km langen Radweg zwischen Bad Karlshafen und Usseln erschlossen. Pauschal wird beispielsweise eine dreitägige Rundtour entlang von Weser und Diemel angeboten, die über die Tourist-Informationen in Bad Karlshafen und Hofgeismar buchbar ist.

Abenteuer Freizeit – Zu Lande, zu Wasser und in der Luft

Schiffsfahrten

Das Fahrgastschiff Hessen bei Bad Karlshafen

Die Weser per Schiff zu erleben, verspricht Gemütlichkeit und Entspannung. Verschiedene Schiffsgesellschaften bieten eine breite Palette von Rund-, Linien- und Sonderfahrten an. Hinzu kommen Erlebnistouren, z. B. Brunch-, Grill-, Mondschein- und Musikfahrten, Grünkohl- oder Spargeltouren. Auf den meisten Schiffen ist die Mitnahme von Fahrrädern möglich. Die Fahrsaison beginnt frühestens Ende März und geht bis spätestens Ende Oktober.

Die Mindener Fahrgastschifffahrt bietet sehr unterschiedliche Touren an. Beliebt sind die 50 oder 90 Minuten dauernden Touren durch die Mindener Schachtschleuse und zum Wasserstraßenkreuz, etwas länger dauern die Fahrten nach Porta Westfalica, manchmal auch mit Raddampfer. Neben anderen Fahrtzielen, zum Teil auch außerhalb des Weserberglands, bietet die Reederei zwischen Mai und Oktober Fahrten zwischen Minden und Hann. Münden an. Start ist jeweils der erste Sonntag im Monat in Minden. Hierbei kann man mehrere Tage auf dem Schiff verbringen oder nur eine Tagesstrecke buchen, wobei abends immer eine Rückfahrt mit Charterbus zum Ausgangspunkt angeboten wird. Die Tagesetappen lauten:
Sonntag: Minden–Hameln, Montag: Hameln–Polle, Dienstag: Polle–Bad Karlshafen, Mittwoch: Bad Karlshafen–Hann. Münden, Donnerstag: Hann. Münden–Bodenwerder, Freitag: Bodenwerder–Minden.

Mindener Fahrgastschiffahrt
An der Schachtschleuse
32425 Minden
☎ 05 71-64 80 80-0
📠 05 71-64 80 80-2
🖥 www.mifa.com

Abenteuer Freizeit – Zu Lande, zu Wasser und in der Luft

Der zweite große Anbieter von Schiffsfahrten ist die Flotte Weser, deren Schiffe in Teilstücken die Weser zwischen Bad Karlshafen und Bremen befahren. Im Weserbergland werden neben kleineren Rundfahrten ab Hameln, Bodenwerder und Höxter Linienfahrten zwischen Hameln und Bodenwerder, Bodenwerder und Polle sowie Bad Karlshafen und Corvey angeboten.

Flotte Weser
Deisterallee 1
31785 Hameln
051 51-93 99 99
051 51-93 99 933
www.flotte-weser.de

Dampfer auf der Weser

Im südlichen Abschnitt der Weser ist die Linie 2000 mit dem Fahrgastschiff Hessen unterwegs. Angeboten werden tageweise unterschiedliche Linienfahrten zwischen Bad Karlshafen und Hann. Münden, außerdem kleinere Rundfahrten ab Bad Karlshafen im Dreiländereck.

Linie 2000 c/o Kurverwaltung
Bad Karlshafen
056 72-99 99 23
056 72-99 99 25
www.bad-karlshafen.de

Die Mündener Fahrgastschifffahrt bietet schließlich neben kleinen Rundfahrten ab Hann. Münden mit dem Erlebnis der Fulda – oder Werraschleuse einen Linienverkehr zwischen Kassel, Hann. Münden und Bad Karlshafen an.

Rehbein-Linie Kassel
Mündener Fahrgastschifffahrt
Ostpreußenstraße 8
34233 Fuldatal
05 61-185 05
05 61-731 09
www.schifffahrtslinie-rehbein.de

Mit dem Fahrrad aufs Schiff

Abenteuer Freizeit – Zu Lande, zu Wasser und in der Luft

Die Weser – ein Eldorado für Kanu- und Floßtouren

Kanuwanderer bei Rinteln

Wem eine Schiffsfahrt auf der Weser zu gemütlich ist, kann es auch sportlicher oder abenteuerlicher haben. Verschiedene Anbieter organisieren maßgeschneiderte Kanu- oder Floßtouren, nicht nur auf der Weser, sondern z. B. auch auf Emmer oder Diemel. Die Boote werden entweder zum Selbsttransport vermietet oder der Start bzw. auch die Rückgabe erfolgt an bestimmten Stationen. Zu den Angeboten gehören in der Regel ein Bootsrücktransport und auf Wunsch auch der Personentransfer. Möglich sind ein- oder auch mehrtägige Anmietungen. Gängige Bootstypen sind beispielsweise Kajaks (für 1–2 Personen) und Kanadier (für 2–12 Personen), mit denen auch Anfänger gut zurecht kommen. Zur Grundausrüstung gehören Paddel, Bootsleinen, Schwimmwesten und eine wasserdichte Tonne für private Gegenstände. Einige Anbieter haben auch Fahrräder im Angebot, sodass Kombinationstouren möglich sind. Teilweise werden auch Picknicks angeboten.

Für eine Paddeltour von Bodenwerder nach Hameln benötigt man beispielsweise etwa 4 Stunden. Für genaue Informationen kann man sich an folgende Anbieter wenden:

Kanu Tours Hameln
Lohstraße 4
31785 Hameln

☎ 051 51-92 41 07
📠 051 51-92 41 08
💻 www.kanu-tours-hameln.de

Kanu Wasser Wander Service
Zum Mühlensiek 13 OT Böbber
31848 Bad Münder

☎ 050 42-74 70
📠 050 42-50 88 22
💻 www.paddeltouren.de

Kanustation: Campingplatz Rühler Schweiz

Busch Freizeit
Postweg Nord 7 OT Lüchtringen
37671 Höxter

☎ 052 71-92 13 63
📠 052 71-92 13 64
💻 www.busch-freizeit.de

Kanustationen: Hann. Münden und Oberweser-Weißehütte

Gerda Schumacher
Wethener Straße 83
34414 Warburg

☎ 056 42-76 82
📠 056 42-56 77
💻 www.kanu-schumacher.de

Kanustation: Bad Karlshafen

Abenteuer Freizeit – Zu Lande, zu Wasser und in der Luft

Floßfahrt auf der Weser

Eine erlebnisreiche Floßtour zwischen Bodenwerder und Hameln kann man auf einem 18 m langen, 8 m breiten und 25 Tonnen schweren Holzfloß erleben. Das Komplettprogramm mit Verpflegung, Musikunterhaltung usw. kann den Wünschen der Auftraggeber angepasst werden. Buchungen sind für 40–55 Personen möglich, Einzelpersonen stehen bestimmte Termine zur Verfügung.
Touren mit kleineren 4 x 6 Meter großen Flößen sind ebenfalls ab Bodenwerder möglich. Geeignet sind diese Flöße für bis zu 20 Personen.

Daneben werden Hydro-Bikes, also Wasserfahrräder vermietet, ein ganz neues und sicheres Erlebnis, da diese nicht sinken können.

Ausflug per Wasserfahrrad

Die Holzflößer
Heerstraße 25
31840 Hess. Oldendorf
☎ 0160-975 320 86
📠 051 58-99 00 07
💻 www.holzfloesser.de

Carsten Drewes
Gartenstraße 14
37619 Bodenwerder
☎ 055 33-50 60
📠 055 33-40 90 95
💻 www.flosstouren.de

Abenteuer Freizeit – Zu Lande, zu Wasser und in der Luft

Planwagen – Rundfahrten

Planwagen vor dem Tourenstart

Einen rustikalen Urlaub, bei dem man die Natur nah erlebt, verspricht eine Planwagen-Rundfahrt durch das Weserbergland. Zum Vagabunden-Leben gehören die gemeinsamen Vorbereitungen für Essen und Übernachtung, das Picknick im Freien oder an der Tafel im Planwagen, Besichtigung von Sehenswürdigkeiten, diverse Aktivitäten wie Bogenschießen, Lassowerfen, Kanufahrten, Feuer machen mit Feuerstein und Zunder, Lagerfeuerromantik und letztendlich die Übernachtung im Schlafsack im Planwagen, Schlafsaal oder auch Zelt.

Wenngleich ein persönliches Wunschprogramm möglich ist, gibt es Programmvorschläge für meist dreitägige Planwagen-Rundfahrten, z. B. durch den Solling oder Reinhardswald mit begleitenden Aktivitäten und Besichtigungen. Auch eintägige Schnuppertouren sind möglich. Buchbar sind die Touren von Mai bis Oktober für 10–40 Personen. Es ist somit ein Angebot für Gruppen, Vereine, Schulklassen, Geburtstagspartys, Betriebsausflüge oder auch mehrere Familien, die zusammen einen rustikalen Urlaub verbringen möchten.

Zu jeder Planwagen-Kolonne gehört ein Versorgungswagen, der den Proviant transportiert und mit einer kleinen Küche ausgestattet ist. Gezogen werden die Planwagen von historischen Porsche-Treckern, die zwischen 14 und 25 PS haben.

Gemeinsames Mittagessen unterm Zelt

Weserbergland-Treck
Linnenstraße 17 OT Bruchhausen
37671 Höxter
☎ 0171-44 57 104
☎ 05277-95 24 66 ab 20 Uhr
📠 06913-30 56 23 876
🖥 www.weserbergland-treck.de

Abenteuer Freizeit – Zu Lande, zu Wasser und in der Luft

Über den Wolken…

Auch ohne Pilotenschein kann man das Weserbergland in vielfältiger Art und Weise aus der Vogelperspektive erleben.
Vom Flugplatz Bad Pyrmont-Kleinenberg, 1,6 km südöstlich der Stadt, bietet die dortige Luftsportgemeinschaft auch individuelle Rundflüge mit Motormaschinen, im Ultraleichtflugzeug, Motorsegler oder Segelflugzeug für Gäste an. Flugtage sind jeweils samstags und sonntags, andere Wochentage auf Anfrage.

Ballons beim Lichterfest Bodenwerder

Faszinierend: Heißluftballons

Nördlich von Höxter liegt der Flugplatz Höxter-Holzminden, in Fliegerkreisen als einer der schönsten Flugplätze Deutschlands bekannt. Dort bietet die Firma Luftmeerreisen Fahrten mit Heißluftballons an. Die ganze Unternehmung dauert 5–6 Stunden, wobei man ca. 75 Minuten im Sommer und ca. 2 Stunden im Winter in der Luft ist. Das Unternehmen Dädalus widmet sich dem Fallschirmsport, und so kann man hier häufiger auch Formationssprünge erleben oder einen sicheren Tandem-Sprung buchen. Daneben können Schnupperflüge bei den beiden Fliegerclubs angefragt werden.
Aufgrund der guten Thermik ist der Ith unter Segelflugfreunden ein Begriff. Wer das alles einmal aus der Nähe beobachten möchte, sollte den Segelflugplatz Ithwiesen bei Eschershausen besuchen. Mitflüge in einem Segelflugzeug sind dagegen im Solling vom Flugplatz Uslar möglich, und zwar immer samstags und sonntags.

Flugplatz Bad Pyrmont
☎ 05285-333
📠 05285-696
🖥 www.flugplatz-bad-pyrmont.de

Flugplatz Höxter-Holzminden
Heuweg 28-30
37671 Höxter
☎ 05271-97 13-0
📠 05271-97 13-49
🖥 www.flugplatz-hoexter.de

Luftsportvereinigung Solling
Flugplatz Uslar
Postfach 1448
37165 Uslar
☎ 05571-49 89
🖥 www.segelflug.de/vereine/uslar/

Abenteuer Freizeit – Zu Lande, zu Wasser und in der Luft

Golfen

Der Golfplatz von Lüdge-Bad Pyrmont

Die hier vorgestellten Golfplätze stehen auch Gästen zur Verfügung. Für Neueinsteiger gibt es meistens Wochenend- oder Wochenkurse. Eine gepflegte Gastronomie gehört ebenfalls dazu.

Aerzen bei Hameln
In unmittelbarer Nähe vom Schlosshotel Münchhausen, das im Weserrenaissance-schloss Schwöbber residiert, liegen zwei 18-Löcher-Plätze, die in die Naturlandschaft des Berberbaches eingebettet sind.

Hamelner Golfclub
Schwöbber 8, **31855 Aerzen**
☎ 051 54-98 70
📠 051 54-98 71 11
🖥 www.hamelner-golfclub.de

Obernkirchen
Über den Dächern von Obernkirchen liegt auf einem ehemaligen Bergwerksgelände eine 18-Loch-Anlage mit besonderen Geländedeformationen und eindrucksvollem Panoramablick.

Golfclub Schaumburg
Röserheide 2, **31683 Obernkirchen**
☎ 057 24-46 70
📠 057 24-90 29 10
🖥 www.golfclub-schaumburg.de

Bad Münder
Die 18-Loch-Anlage am Deister ist in eine natürliche Landschaft eingebettet, und nicht selten begleiten Schafe die Golfer. Die Golfbahnen bieten einen weiten Panoramablick auf die Umgebung.

Golfclub am Deister in Bad Münder
Am Osterberg 2, **31848 Bad Münder**
☎ 050 42-50 32 76
📠 050 42-50 32 78
🖥 www.golf-deister.de

Abenteuer Freizeit – Zu Lande, zu Wasser und in der Luft

Blick über den Golfplatz Polle-Hummersen

Polle-Hummersen
Der 18-Loch-Platz in einem Tal zu Füßen des Köterberges erfordert spielerisches Können und ist einmalig durch die behutsam in die Landschaft integrierten Skulpturen namhafter Künstler.

Golfclub Weserbergland Polle-Hummersen
Weißenfelder Mühle 2, **37647 Polle**
055 35-88 42
055 35-12 25
www.golfclub-weserbergland.de

Lügde bei Bad Pyrmont
Der mittelschwere 18-Löcher-Platz wurde von einem englischen Architekten angelegt und liegt auf einer Anhöhe, die auch wegen des hier stattfindenden Lügder Osterräderlaufs weithin bekannt ist. Durch den weitreichenden Blick auf Bad Pyrmont und das Weserbergland ist es sicherlich einer der schönsten Panoramaplätze.

Golf-Club Bad Pyrmont
Am Golfplatz 2
32676 Lügde
052 81-93 20 90
052 81-93 20 99
www.golfclub-pyrmont.de

Golfplatz Bad Münder

Mehr als Stille und Gebet
Kirchen und Klöster

Mächtige Kirchen und Klöster zeugen von ihrer Bedeutung in der Vergangenheit. Klöster wie Möllenbeck, Corvey oder Bursfelde standen nicht nur für die Verbreitung des Glaubens, sondern waren auch bedeutende Bildungsstätten und damit teilweise Konkurrenten benachbarter Städte wie Rinteln oder Höxter.

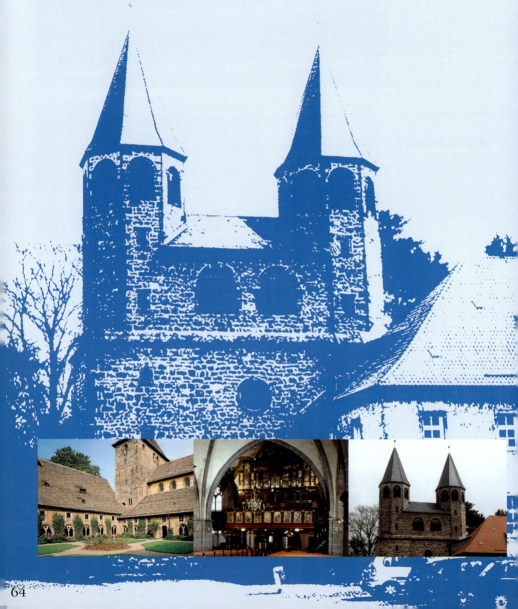

Mehr als Stille und Gebet – Kirchen und Klöster

Der Dom in Minden

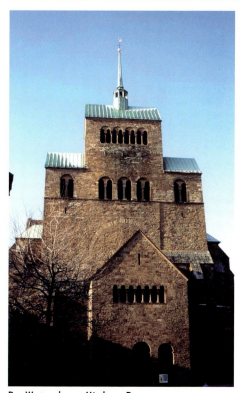

Das Westwerk vom Mindener Dom

Unübersehbarer Mittelpunkt und Wahrzeichen der Stadt ist der Mindener Dom, ein meisterliches Kirchenbauwerk des 13. Jahrhunderts, für viele die schönste gotische Hallenkirche Deutschlands aus dieser Zeit.
Ende des 8. Jahrhunderts baute man zunächst eine schlichte, turmlose Saalkirche, die später durch einen anderen Bau ersetzt wurde. Ältester Teil des Doms ist heute das Westwerk, im Kern noch aus dem 10. Jahrhundert, der im 12. Jahrhundert sein endgültiges Aussehen erhielt. Seine Vorhalle entstand von 1062 bis ca. 1200. Zu Beginn des 13. Jahrhunderts wurde dann der spätromanische Ostteil des Doms, Chor und Querschiff, errichtet. Zwischen Mitte und Ende des 13. Jahrhunderts baute man schließlich das gotische Langhaus mit seinen großartigen Maßwerkfenstern. Im Zweiten Weltkrieg wurde der Dom stark zerstört und bis 1957 wieder aufgebaut.
Von 1220 bis 1656 war die Goldene Tafel, eine Perle romanisch-gotischer Kunst, als Hochaltar Herzstück des Doms, deren Nachbildung von 2002 heute wieder zu bewundern ist. Erwähnenswert sind ferner das Apostelfries über dem Südportal (um 1270) und der Heilig-Geist-Altar (1622).
Das Haus am Dom beherbergt die Domschatzkammer mit einer Vielzahl von Kostbarkeiten, darunter das Mindener Kreuz, ein Bronzeguss (um 1070), der Petrischein (1071) und die Silbermadonna (1230).
Der Dom kann tagsüber außerhalb der Gottesdienste besichtigt werden, die Domschatzkammer nur zu bestimmten Zeiten. Turmbesteigungen sind jeweils am 1. und 3. Samstag im Monat möglich.

Pfarrbüro der Kath. Dompropsteigemeinde
Großer Domhof 10
32423 Minden
☎ 05 71-837 64-100
📠 05 71-837 64-111
🖥 www.dom-minden.de

Mehr als Stille und Gebet – Kirchen und Klöster

Die St.-Nikolai-Kirche in Rinteln

Innenaufnahme der St.-Nikolai-Kirche

Als weithin sichtbares Wahrzeichen Rintelns erhebt sich unweit vom Marktplatz der Turm der St.-Nikolai-Kirche. Erstmals 1238 erwähnt, ist sie dem Kirchenführer Nikolaus geweiht, der im vierten Jahrhundert in Kleinasien als Bischof von Myra gelebt hat.
Ursprünglich eine romanische Basilika, von der noch das Südportal mit dem darüber liegenden Radfenster und das Turmportal erhalten sind, entstand etwa 100 Jahre nach dem Baubeginn die heutige dreischiffige Hallenkirche. Der markante barocke Kuppelaufsatz wurde von 1788 bis 1803 erbaut und trat an die Stelle eines spitzen Turmhelms. 1810 wurde aufgrund des häufigen Weserhochwassers der Fußboden im Kircheninneren um 120 cm angehoben.
Die heutige Innenausstattung stammt aus der Zeit nach der Reformation, die von den Schaumburger Grafen 1559 eingeführt wurde. Im linken Seitenschiff findet man ein Bildnis von Josua Stegmann, Theologie-Professor und Garant der Reformation, sein Grab im Turmraum. Er ist Schöpfer des Kirchenliedes „Ach bleib mit deiner Gnade bei uns, Herr Jesu Christ". Die Orgel stammt von 1621, das Bronzetaufbecken im Chorraum von 1582 und der Altar aus dem 17. Jahrhundert.

Blick zur St.-Nikolai-Kirche

St.-Nikolai-Kirche Rinteln
Pfarramt II
Brennerstr. 30
31737 Rinteln
☎ 057 51-32 50
📠 057 51-95 94 91
🖥 www.nikolai-rinteln.de

Mehr als Stille und Gebet – Kirchen und Klöster

Ehemaliges Kloster Möllenbeck bei Rinteln

Außenansicht vom Kloster Möllenbeck

Vier Kilometer südwestlich von Rinteln liegt der Ortsteil Möllenbeck mit dem gleichnamigen Kloster, von der Gräfin Hildburg gestiftet, 896 erstmals als Benediktinerinnenstift urkundlich erwähnt und eine der besterhaltenen spätmittelalterlichen Klosteranlagen Deutschlands.
Es blickt auf eine wechselvolle Geschichte zurück, in deren Verlauf ein Großteil der wertvollen Einrichtungsgegenstände verloren ging. Die beiden ottonischen Rundtürme und auch die Krypta der Kirche stammen aus der ersten romanischen Bauzeit, während das gotische Langhaus, Kreuzgang und Klausurgebäude von 1479 bis 1505 entstanden. Neben der Kirche gehören drei Flügel zum Gebäudekomplex des Klosters. Die einstige Siedlung, die sich um 1200 um das Kloster gebildet hatte, verfiel in der Nachfolgezeit wieder, ebenso das Kloster, das zudem 1284 von einem Brand heimgesucht wurde. 1441 richtete der Bischof von Minden hier ein Mönchskloster für Augustiner ein, bis es 1492 zum dritten Mal zerstört wurde. Später wurde es in eine Domäne umgewandelt und hatte zum Unterhalt der früheren Universität Rinteln beizutragen. Kurzzeitig im Besitz von Napoleons Schwester Pauline, wurde die Kirche später als Speicher genutzt. Seit 1836 wird die Klosterkirche nun wieder von der reformierten Kirchengemeinde des im 18. Jahrhundert neu entstandenen Dorfes Möllenbeck genutzt. Der ganze Klosterkomplex dient heute als Tagungs- und Veranstaltungsort sowie als Jugendheim. Im Juni bildet es die Kulisse für eine beliebte Irish-Folk-Musikveranstaltung.

Irish-Folk-Festival im Klosterhof

Kloster Möllenbeck
Lemgoer Str. 10, OT Möllenbeck
31737 Rinteln
057 51-29 92
057 51-29 45
www.moellenbeck.de

Mehr als Stille und Gebet – Kirchen und Klöster

Stift Fischbeck

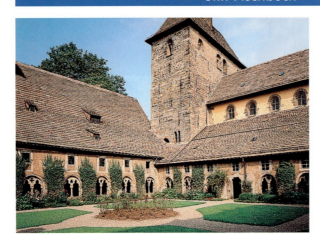

Stift Fischbeck – Kreuzgang mit Garten

Zwischen Hameln und Hessisch Oldendorf liegt Fischbeck. Dort wurde 955 zur Versorgung unverheirateter Töchter von Adelsfamilien ein Stift gegründet. Diese brauchten kein Gelübde abzulegen, sie konnten jederzeit das Stift wieder verlassen und ihre Aufgabe bestand in der tätigen Nächstenliebe. Das Kloster wurde 1563/1564 in ein evangelisches Damenstift umgewandelt und ist das auch heute noch. In der Kirche bewahrt man einen kostbaren Wandteppich von 1583 auf, der in einzelnen Bildern die Stiftungslegende des Klosters erzählt.

Das Stift gilt wegen seiner unverfälscht erhaltenen romanischen Bauform und der beeindruckenden Geschlossenheit der Anlage mit Kreuzgang als ein Juwel. Besonders sehenswert ist die romanische Stiftskirche aus dem 12./13. Jahrhundert, die zu den besterhaltenen sakralen Großbauten im Weserbergland zählt. Das Innere wurde in der Barockzeit neu ausgestattet. Wertvollster Teil ist die unter dem Chor liegende Krypta. Weitere Kostbarkeiten sind ein Triumpfkreuz von 1254, das Holzbild der Stiftsgründerin Helmburg (um 1300) und die Holzfigur „Christus im Elend" (15. Jahrhundert). Etwas versetzt lehnen sich an Turm und Langhaus Wohn- und Wirtschaftsgebäude an und umschließen mit einem durchbrochenen Kreuzgang einen malerischen Garten.

Das über 1000-jährige Stift kann von April bis Oktober im Rahmen von Führungen besichtigt werden. Hier finden auch regelmäßig Konzerte statt.

Stift Fischbeck
Stift 88
31840 Hessisch Oldendorf
☎ 051 52-86 03
☎ Führungen: 051 52-80 74
📠 051 52-96 24 89
🖥 www.stift-fischbeck.de

Mehr als Stille und Gebet – Kirchen und Klöster

Münster St. Bonifatius Hameln

Blick zum Münster St. Bonifatius

An der alten Weserbrücke liegt das Münster St. Bonifatius. Es steht auf den Fundamenten einer Klosterkirche aus dem 8. Jahrhundert. Der älteste Teil ist heute die Krypta aus der Zeit um 1120. Nach einem Brand 1209 wurde das Münster in der Folgezeit mehrfach umgebaut und erweitert. So entstand aus der romanischen Basilika eine gotische Hallenkirche mit ungleich breiten Schiffen. Das dreischiffige Langhaus entstand überwiegend im 14. Jahrhundert. 1760 musste der Kreuzgang wegen des Festungsbaus abgebrochen werden und seit 1782 fanden hier keine Gottesdienste mehr statt. 1803 nutzten Napoleonische Truppen die Kirche als Magazin und Pferdestall. 1848 wurde das Stift aufgehoben. Zwischen 1870 und 1875 wurde das baufällig gewordene Münster gründlich restauriert, 1970–1976 innen saniert und als Gemeindekirche umgestaltet.

Vom Kircheninneren sind zu erwähnen der Stifterstein aus Kalksandstein (Ende des 14. Jahrhunderts). das Madonnenrelief (um 1400) und das gotische Sakramentshaus (Ende des 13. Jahrhunderts). An der Ostseite des Münsters steht der Lachsbrunnen mit einem Knaben, der einen Lachs in den Armen hält. Damit wird an den einstigen Lachsreichtum der Weser erinnert, denn noch im 19. Jahrhundert wurden hier jährlich bis zu 70 000 kg Lachs gefischt! Das Münster kann täglich besichtigt werden, auch Turmbesteigungen sind möglich. Regelmäßig finden auch Konzerte statt.

Pfarramt St.-Bonifatius-Gemeinde
Münsterkirchhof 10
31785 Hameln
☎ 051 51-2 47 87
📠 051 51-95 89 01
🖥 www.lebt.org/bonifatius/

Mehr als Stille und Gebet – Kirchen und Klöster

St. Kiliani-Kirche Höxter

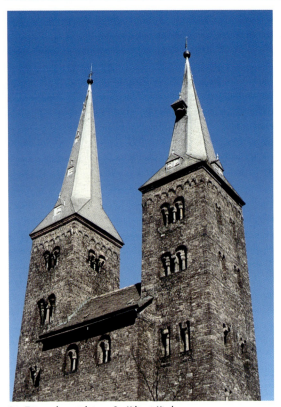

Die Türme der mächtigen St.-Kiliani-Kirche

Die doppeltürmige St.-Kiliani-Kirche gilt als das Wahrzeichen der Stadt Höxter. Beeindruckend ist die monumentale Westfront dieses romanischen Bauwerks. Eine Besonderheit ist der Umstand, dass der Nordturm fast zweieinhalb Meter länger als der Südturm ist.

Das genaue Erbauungsdatum der Kirche ist unbekannt. Wie bei den meisten mittelalterlichen Kirchen gab es mehrere Bauabschnitte. Dennoch dürfte sie bereits im letzten Drittel des 11. Jahrhunderts fast den gleichen Umfang wie heute gehabt haben. Um 1200 wurde die flache Holzbalkendecke im Inneren gegen eine massive Gewölbekonstruktion ausgetauscht. Anfang des 15. Jahrhunderts erfolgte die letzte einschneidende Änderung des Bauwerks mit dem Ausbau des südlichen Seitenschiffes zu einer zweischiffigen, quer gestellten Hallenkirche.

Beinahe wäre das Kirchenhaus 1901 ein Opfer der Flammen geworden. In der Nacht 10./11. Mai wurde der Nordturm von einem Blitz getroffen und in Brand gesetzt. Die Turmspitze stürzte dabei in die westliche Häuserzeile. Es gelang jedoch den Brandherd einzuschränken und zu löschen. Der Turm wurde 1902 wieder hergestellt.

Aus dem Kircheninneren ist insbesondere die spätgotische Kreuzigungsgruppe auf dem Hochaltar, eine Schnitzarbeit aus der Schule Tilman Riemenschneiders (um 1520) zu erwähnen, ferner die säulengeschmückte, sechseckige Renaissancekanzel von 1597 und die Barockorgel mit zwanzig Registern von 1710.

Evangelische Kirchengemeinde Höxter
Brüderstraße 9
37671 Höxter
052 71-75 86
052 71-355 29
www.kirche-hoexter.de

Mehr als Stille und Gebet – Kirchen und Klöster

Kloster Bursfelde

Der Doppelturm der alten Klosterkirche Bursfelde

baut wurde und die doppeltürmige romanische Basilika, die überwiegend auf das 12. Jahrhundert zurück geht. Zu ihren Schätzen gehören spätgotische Wandmalereien. Nach dem Zweiten Weltkrieg fand hier die Glocke aus dem Dom der ostpreußischen Stadt Königsberg eine neue Heimat. Sie trägt die Jahreszahl 1452 und hat seit 1952 im Westturm der Klosterkirche einen neuen Platz. Die Klosterkirche ist tagsüber frei zugänglich. Ein fester Treffpunkt von Musikliebhabern sind inzwischen die vom Mündener Kulturring veranstalteten Bursfelder Sommerkonzerte in der Klosterkirche, die 1971 erstmals stattfanden.

Das Kloster wird heute als evangelisches Einkehr- und Tagungshaus mit eigenem Programm geführt. Zu diesem Zweck wurden entsprechende Räume im Gutshaus hergerichtet.

Bursfelde liegt 17 km nördlich von Hann. Münden romantisch am Ostufer der Weser, besteht nur aus wenigen Häusern, ist aber bekannt durch sein Kloster und im Sommer beliebter Rastplatz der Radler.

Das Kloster Bursfelde wurde 1093 als Benediktinerabtei gegründet. Ab 1433 war es Ausgangspunkt der Bursfelder Kongregation genannten Reformbewegung, die eine strengere Auslegung der Klosterregeln vorsah. 1542 wurde das Kloster evangelisch und bis 1672 von Mönchen bewohnt. Seit 1828 nimmt jeweils ein Theologieprofessor der Universität Göttingen das Amt eines Bursfelder Abtes war. Aus früherer Zeit erhalten ist der Westflügel des Klosters, der 1722 zum Gutshaus umge-

Kloster Bursfelde
Klosterhof 5, OT Bursfelde
34346 Hann. Münden
055 44-16 88
055 44-17 58
www.kloster-bursfelde.de

Mehr als Stille und Gebet – Kirchen und Klöster

Stadtkirche Bückeburg

Die Stadtkirche ist ein bedeutendes sakrales Relikt der Vergangenheit

Die Stadtkirche von Bückeburg ist ein bedeutendes Zeugnis der einstigen Residenzstadt und sollte das sakrale Gegenstück zur weltlichen Pracht des Schlosses sein. Das zwischen 1611 und 1615 entstandene Bauwerk vereint den Baustil der Spätrenaissance mit dem des Frühbarocks.

Eine ins Auge stechende Besonderheit des Kirchenbaus ist das Fehlen eines Turms, denn der konnte aufgrund des sandigen Untergrunds nicht gebaut werden. Das herausragendste Kunstwerk im Kircheninneren ist das bronzene Taufbecken von 1615. Es wurde vom Holländer Adrian de Vries geschaffen, der seinerzeit Bildhauer am Hofe von Kaiser Rudolf II. in Prag war. Die ursprüngliche Orgel war ein Meisterwerk ihrer Zeit und stammte von dem berühmten Wolfenbütteler Orgelbaumeister Esaias Compenius. Sie wurde 1997 durch einen hochgelobten Neubau des aus dem Raum Göttingen stammenden Orgelbaumeisters Rudolf Janke ersetzt. Die Kanzel wurde von der Bildhauerfamilie Wulff aus Hildesheim gestaltet.

Direkt neben der Stadtkirche steht ein Denkmal von Johann Gottfried Herder, der hier von 1771–1776 wirkte und als bedeutendster Prediger an der Stadtkirche gilt. Zusammen mit dem damaligen Hofkapellmeister Christoph Friedrich Bach, einem Sohn des berühmten Johann Sebastian Bachs hat er einige Oratorien geschrieben.

Die Kirche kann von Mitte April bis Mitte Oktober montags bis freitags zu bestimmten Zeiten sowie am Sonntagnachmittag besichtigt werden, im Winterhalbjahr nur mittwochs, donnerstags und sonntags am Nachmittag.

Ev.-Luth. Kirchengemeinde Bückeburg
Kirchweg 2
31675 Bückeburg
☎ 057 22-95 77-0
📠 057 22-95 77-10

Mehr als Stille und Gebet – Kirchen und Klöster

Stadtkirche St. Martini mit Mausoleum Stadthagen

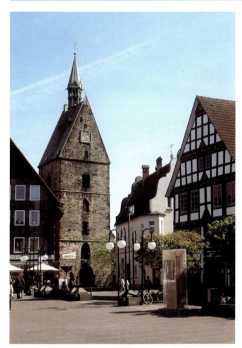

Blick vom Marktplatz zur St.-Martini-Kirche

Die Stadtkirche St. Martini wurde erstmals 1230 erwähnt und liegt an der Ostseite des Marktplatzes bzw. am Kirchhofe. Sie entstand zwischen dem 13. und 15. Jahrhundert. Ältester Teil ist der 42 m hohe Turm mit Satteldach. Der Chor wurde ab 1318 als Grabstätte der Schaumburger Grafen erweitert und das Kirchenschiff zu einer gotischen Hallenkirche ausgebaut. Beim Haupteingang befindet sich das 1581 eingeweihte 4,50 m hohe und 9 m breite Steingrabmahl des Grafen Otto IV. zu Schaumburg mit seinen beiden Frauen. Kostbarstes Ausstattungsstück im Kircheninneren ist aber der Schnitzaltar aus Flandern von 1460, der durch den Kanzler Anton von Wietersheim 1785 im Stil des Bückeburger Barocks umgestaltet wurde. Die Orgel stammt von 1731, im Mittelschiff zeigt ein spätgotisches Werk Christus am Kreuz.
Von der Kirchenostwand führt ein Durchgang in das Mausoleum des Fürsten Ernst III. von Schaumburg (1569–1622). Der Bau erfolgte nach Plänen des italienischen Baumeisters Giovanni Maria Nosseni. Um Geld zu sparen, wurde die siebeneckige Grabkapelle jedoch an die Kirche angebaut. Das eigentliche berühmte Marmor- und Bronzegrabmahl des Fürsten wurde 1613–1618 in Prag durch Adrian de Vries hergestellt. Vier von Wächtern umgebene Löwenstatuen tragen den Sarkophag, über den sich ein segnender Christus mit Siegesfahne erhebt.

Im Mausoleum, Teil der „Erlebniswelt Renaissance"

Ev.-luth. St.-Martini-Gemeinde
Am Kirchhof 3 + Schulstr. 18
31655 Stadthagen
☏ 057 21-760 01 + 97 52 14
📖 057 21-67 40

Wellness
Erlebnis- und Thermalsolebäder

Wellness liegt zweifelsohne im Trend und geht auf eine Idee des amerikanischen Arztes Halbert Dunn im Jahre 1959 zurück, der aus den Worten „Wellbeing" und „Fitness" dieses Kunstwort kreierte und damit den Einklang von Körper, Geist und Seele bei Aktivitäten ausdrücken wollte. Erlebnis- und speziell Thermalsolebäder bieten genau das, Genuss, Spaß und Entspannung. Für ein paar Stunden in warmes Sprudelwasser eintauchen, Whirlpool, Sauna oder Solarium genießen, sich von Kopf bis Fuß pflegen zu lassen, z. B. bei Massage, Kosmetik-, Fußpflege- oder Ayurveda-Behandlung – all das findet man hier.

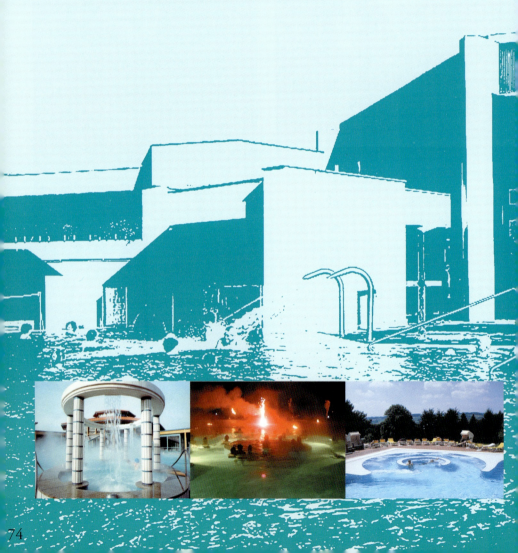

Wellness – Erlebnis- und Thermalsolebäder

Bali-Therme Bad Oeynhausen

Außenansicht der Bali-Therme

Indonesisches Flair vermittelt die 1995 eröffnete Bali-Therme, die in der Südwestecke des Kurparks von Bad Oeynhausen liegt. Die über 10 000 qm große Bade- und Saunalandschaft ist mit Originalskulpturen, Schreinen und Dekorationsstücken der Insel Bali ausgestattet und vermittelt somit Urlaubsstimmung, Gesundheit und Wohlbefinden.

Für Kurzweil in der Badelandschaft sorgen acht unterschiedliche Thermal-Mineral-Sole-Becken sowie ein Erlebnis- und ein solefreies Kinderbecken. Abwechslung bringen schließlich auch eine fantastische Grottenlandschaft, Wildwasser-Strömungskanal, Wasserfall, Fontaine, Geysir, Sprudelliegen, Hot-Whirl-Pools und Massagedüsen.

Der Saunabereich umfasst verschiedene Saunen, Kaltschwimmbecken und einen über 3000 qm großen Saunagarten. So kann man wählen zwischen einem Römischen Dampfbad, balinesischer Blockbohlensauna oder einer Erdsauna.

Außerdem werden geboten Solarien, Fitness-Studio, Krankengymnastik, unterschiedliche Massagen, Ruhezonen und natürlich auch ein Bistro. Geöffnet ist die Bali-Therme täglich.

Bali-Therme
Morsbachallee 5
32545 Bad Oeynhausen
☎ 057 31-30 53-0
📠 057 31-30 53-100
🖥 www.balitherme.de

Wellness – Erlebnis- und Thermalsolebäder

Kristall Weserbergland-Therme, Bad Karlshafen

Badevergnügen in der Kristall Weserbergland-Therme

Wellness hat in Bad Karlshafen Tradition, denn bereits 1730 wurde die erste Solequelle entdeckt.

Seit Dezember 2004 erwartet den Besucher nun die Kristall Weserbergland-Therme auf einer Fläche von 6000 qm. Sie vermittelt eine angenehme Urlaubs- und Erholungsatmosphäre im südfranzösischen Stil. Drei Innenbecken mit 33 bis 36 Grad C warmem Wasser und einem Solegehalt zwischen 1,5 und 5% laden zum Gesundbaden ein. Mehrmals täglich wird kostenlose Wassergymnastik angeboten. Drei 25-Meter-Bahnen, vier Whirlpools und ein wohltemperiertes Außenbecken mit einem Solegehalt von 1,5% runden das Angebot ab. In der Edelstein-Meditationsgrotte kann man das Farbspiel von rund fünf Tonnen Edel- und Halbedelsteinen mit wechselnden Lichtern erleben und bei sanfter Sphärenmusik relaxen.

Zur Saunawelt gehören mehrere Innen- und Außensaunen, zwei Dampfbäder, ein osmanischer Hamam, Whirlpool, Innen- und Außenbecken sowie ein kleiner Massagebereich. Auf dem Dach der Saunaanlage ist ein Teil als Sonnenterrasse angelegt.

Im ersten Obergeschoss befindet sich ein Wellness- und Massagezentrum mit Angeboten von Ayurveda bis klassischer Massage, Fußpflege und Kosmetik. Benachbart ist das Gradierwerk, wo die Sole über Reisig zerstäubt und über Mund und Nase aufgenommen werden kann.

Im osmanischen Hamam der Therme

Kristall Weserbergland-Therme
Kurpromenade 1
34585 Bad Karlshafen
☎ 056 72-92 11-0
📠 056 72-92 11-33
🖥 www.kristall-weserbergland-therme.de

Wellness – Erlebnis- und Thermalsolebäder

Landgrafen-Therme Bad Nenndorf

Außenansicht der Landgrafen-Therme

Der Saunabereich der Landgrafen-Therme

Die Landgrafen-Therme in Bad Nenndorf ist ein idealer Platz, um sich wieder mal so richtig wohl zu fühlen und Gutes für Körper und Seele zu tun.

In der Therme entspannt man im natürlichen 33 Grad warmen Solewasser und kann zwischen Innen- und Außenbecken wählen.

Die Therme ist aber auch ein kleines Paradies für Saunafreunde. Den Gast erwarten drei finnische Saunen mit 95, 90 und 80 Grad sowie eine Galerie-Sauna, gebaut aus massivem Polarkieferholz, das einen wohltuenden Eigengeruch entfaltet. Bei der Galerie-Sauna sitzt man oberhalb des großen gemauerten Ofens bei einer Temperatur von 80 Grad. Die Aufgüsse erfolgen stündlich zu festen Zeiten. Zur Saunenanlage gehören aber auch ein römisches Dampfbad und ein Biosanarium. Dort kann man ein 50 Grad Warmluft-Kräuterbad in Verbindung mit Farblicht-Therapie genießen.

Zu einem kleinen Urlaub vom Alltag wird der Besuch des Wellness-Bereichs. Dort bietet man dem Besucher wohltuende Massagen, Sonnenbäder in modernen Solarien oder eine Kosmetikbehandlung. Nach so viel Entspannung können sich die Gäste im Bistro oder der Cafeteria stärken.

Landgrafen-Therme
Kurhausstraße 2
31542 Bad Nenndorf
057 23-70 26 50
057 23-70 26 66
www.badnenndorf.de

Wellness – Erlebnis- und Thermalsolebäder

Ith-Sole-Therme Salzhemmendorf

Die Außenkaskade der Ith-Sole-Therme

Salzhemmendorf verdankt seine Schwefelsole der früheren, 1872 eingestellten Salzgewinnung. Die Salzhemmendorfer Quelle besitzt mit 7,8 % einen sehr hohen Solegehalt und entspringt im Brunnenhaus an der Osterstraße.

Die wertvolle Quelle lässt sich aber auch bei einem außergewöhnlichen Badeerlebnis auf 700 qm im bis zu 36 Grad warmen Solewasser und einer Konzentration bis zu 6 % in der Ith-Sole-Therme genießen.

Zur Badelandschaft gehören unterschiedlich große Becken, fünf im Innen- und zwei im Außenbereich. Die verschiedenen Becken haben wechselnde Solekonzentrationen und sind mit Massagedüsen, Nackenduschen, Bodensprudlern und Unterwassersitzbänken ausgestattet.

Zur Saunalandschaft gehören eine Finnische Trockensauna, eine Blockhaussauna sowie das Dampfbad. Die Schwitzkabinen haben Platz für 20–30 Personen. Der Saunagarten umfasst Liegewiese, Schwallwasserbrausen und Ruhebänke.

Zum Angebot des Thermalbades gehören natürlich auch Wasser- bzw. Krankengymnastik, Massagen, Fangopackungen, Bewegungs- und Wannenbäder, Eis- und Wärmetherapie. Ferner steht ein Kosmetikstudio für Kosmetikbehandlungen und Fußpflege zur Verfügung. Auch Solarium und ein gepflegtes Restaurant fehlen nicht.

Ith-Sole-Therme
In der Saale Aue
31020 Salzhemmendorf
☎ 051 53-50 92
📠 051 53-50 96
💻 www.ith-sole-therme.de

Wellness – Erlebnis- und Thermalsolebäder

Hufeland-Therme Bad Pyrmont

Das Außenbecken der Hufeland-Therme

Mit der Hufeland-Therme verfügt das Staatsbad Pyrmont über eine Wellness-Oase ersten Ranges. Der harmonisch gestaltete Glaspalast liegt in herrlicher Lage des Bergkurparks. Für Romantiker bietet die Therme Mitternachtssaunen und Mondscheinschwimmen an.

Das Erlebnis Wasser genießt man im 300 qm großen Innenbecken bei 32 Grad oder im gleichgroßen Außenbecken mit 28 Grad warmem Solewasser und Strömungskanal. Ein Eventbecken bietet nicht nur 35 Grad warmes Solewasser sondern auch Farblichtanimation, Unterwassermusik und Fernsehübertragungen. Saunafreunde finden eine attraktive Saunalandschaft mit finnischen Blockhaussaunen, Erd- und Kelosauna, Sanarium, türkischem Hamam und orientalischem Rhassoul. Auch spezielle Bäder gehören dazu, der Abkühlung dienen das Schneeparadies oder Tauchbecken.

Für Entspannung sorgen Whirlpool mit 36 Grad warmem Wasser, verschiedene Fitness-Massagen, speziell Abhyanga- und Ayurvedamassagen, Solarium, Gradierhütte und zum Träumen verführende Liegen. Aktive finden dafür im Fitnessraum verschiedene Trainingsgeräte.

Einzigartig ist die „Meersalzgrotte", in der Boden und Decke aus Schwarzmeersalz bestehen und die Wände mit polnischem Steinsalz bedeckt sind. So verbinden sich hier Seeklima mit den Bedingungen natürlicher Salzkammern. Die außergewöhnliche Stimmung mit das Licht zurückspiegelnden Salzkristallen wird durch angenehme Musik untermalt.

Nächtliches Spektakel in der Hufeland-Therme

Hufeland-Therme
Am Forstweg
31812 Bad Pyrmont
052 81-15-17 50
052 81-15-19 10
www.hufeland-therme.de

Monumental
Burgen, Schlösser und Denkmäler

Das Weserbergland ist reich an Burgen und Schlössern, die landschaftlich reizvoll gelegen sind und die Baukunst der früheren Jahrhunderte widerspiegeln. Einige werden heute von Museen genutzt oder sind Sitz von Behörden, in anderen kann man sogar übernachten oder in stilvoller Umgebung heiraten. Dazu gehören das Schlosshotel Münchhausen in Aerzen unweit von Hameln mit angeschlossenem Golfplatz, das Burghotel Trendelburg in der gleichnamigen Stadt, wo man auch mittelalterliche Rittermahlzeiten genießen kann und natürlich die Sababurg im Reinhardswald.
Das Kaiser-Wilhelm-Denkmal schließlich ist das Wahrzeichen der Porta Westfalica.

Monumental – Burgen, Schlösser und Denkmäler

Kaiser-Wilhelm-Denkmal, Porta Westfalica

Berliner Architekt Bruno Schmitz, die sieben Meter hohe Kaiserfigur wurde vom Bildhauer Kaspar von Zumbusch aus Wien geschaffen, ein gebürtiger Westfale. Es besteht aus Porta-Sandstein und ist mit der wuchtigen Treppe und dem Baldachin insgesamt 88 m hoch. Die Baukosten betrugen 830 000 Goldmark. An der pompösen Enthüllungsfeier nahm auch Kaiser Wilhelm II teil.

Folgt man vom Denkmal dem Kammweg, so erreicht man in 15 Minuten den Moltketurm von 1828/1829 auf dem höchsten Punkt des Witterkindberges, 282 m. Das alte Steingemäuer kann über eine Wendeltreppe erklommen werden und bietet einen beeindruckenden Rundumblick. Einen halben Kilometer weiter kommt man zur Wittekindsburg, einem reizvollen Fachwerkgebäude, heute Hotel-Restaurant. Von der Burgterrasse starten Drachenflieger, die hier eine gute Thermik vorfinden.

Das Kaiser-Wilhelm-Denkmal oberhalb von Porta Westfalica

Wenige Kilometer südlich von Minden durchbricht die Weser Wiehen- und Wesergebirge. Die Torpfosten dieser „Westfälischen Pforte" bildet der Witterkindsberg, der östlichste Punkt des Wiehengebirges und der Jakobsberg als westlichster Ausläufer des Wesergebirges. Auf dem Wittekindsberg steht das weithin sichtbare Kaiser-Wilhelm-Denkmal, und der Name Porta Westfalica steht auch für die Stadt, die 1973 durch Zusammenschluss von 15 Gemeinden entstand.

Das auch mit dem Pkw erreichbare Denkmal wurde Ende des 19. Jahrhunderts zu Ehren von Kaiser Wilhelm I. erbaut, wobei ursprünglich 11 Standorte zur Auswahl standen. Die Planung übernahm der bedeutende

Haus des Gastes
Kempstraße 6
32457 Porta Westfalica
0571-791-280/84/85
0571-791-482
www.portawestfalica.de

Monumental – Burgen, Schlösser und Denkmäler

Schloss Schaumburg

Die Schaumburg im Winter

Das Torhaus der Schaumburg

Wahrzeichen des Schaumburger Landes ist die Burg Schaumburg, die auf dem 225 m hohen Nesselberg im Wesergebirge liegt, der sich zwischen Rinteln und Hessisch Oldendorf gegen das Wesertal vorschiebt. Urkundlich erstmals 1119 erwähnt, ist sie Stammsitz der Grafen von Schaumburg. Der Name kommt vermutlich von „schauen", obwohl ursprünglich wohl strategische Aspekte für die Wahl dieses Platzes ausschlaggebend waren und nicht der herrliche Ausblick, der heute die Besucher anlockt.

Die Besitzer wohnten hier bis ca. 1500. Danach wurde die Burg als Sitz des Amtes Schaumburg genutzt und nach dessen Verlegung 1821 begann der Verfall. 1866 nahm die Preußische Forstverwaltung die Burg in ihre Obhut und baute das Hauptgebäude zu einer Gaststätte aus. 1907 schenkte Kaiser Wilhelm II. die Ruine dem Fürsten Georg Wilhelm zu Schaumburg-Lippe zur Silberhochzeit, womit sie zum Erbauergeschlecht zurück kam.

Der obere Platz ist der älteste Teil der Anlage und war von allen Seiten durch Türme und Gebäude geschützt. Die untere Vorburg erhielt auf Veranlassung von Graf Otto I. um 1390 eine Burgmauer. Sehenswert ist davon heute vor allem das Torhaus, ferner das Mitte des 16. Jahrhunderts erbaute Pallas, das so genannte Schloss, im Stil der Weserrenaissance und der aus dem 14. Jahrhundert stammende Bergfried.

Von 1907–1913 wurde die Burg wieder vollkommen aufgebaut. Von den ursprünglich vier Türmen sind drei erhalten. Heute bietet die Schaumburg eine phantastische Aussicht und eine Burggaststätte.

Der Weserbogen vor Rinteln von der Schaumburg aus gesehen

Tourist-Information
Marktplatz 7
31737 Rinteln
☎ 057 51-92 58 33
📠 057 51-92 58 34
🖥 www.rinteln.de

Monumental – Burgen, Schlösser und Denkmäler

Schloss Hämelschenburg – Erlebnis Weserrenaissance

Schloss Hämelschenburg

Sie liegt zwischen Hameln und Bad Pyrmont an der ausgeschilderten „Straße der Weserrenaissance", die viele Bauwerke dieses Baustils miteinander verbindet und gilt als sein Hauptwerk. Mit Kunstsammlungen, Wirtschaftsgebäuden, Gartenanlagen und Kirche ist es eine der schönsten Renaissanceanlagen Deutschlands.

Das Wasserschloss liegt zwischen dem Fluss Emmer und dem Waldrand, besteht aus drei sehr unterschiedlichen Flügeln, die vermutlich von mehreren bis heute unbekannten Baumeistern stammen und wurde ab 1588 im Auftrag von Jürgen von Klencke und seiner Frau Anna von Holle als Teil eines Rittergutes erbaut. Das erforderliche Geld hatte sich von Klencke zuvor als Söldnerführer im Dienst Wilhelms von Oranien erarbeitet. Seine Frau dagegen diente als Vorbild der Grimmschen Märchenfigur Frau Holle und war eine vermögende, schöne und gleichzeitig feinsinnige Nichte des Bischofs Eberhard von Holle in Verden, bekannt aber auch für ihre Mildtätigkeit Armen gegenüber.

Bei einer Führung (April–Oktober) werden die historischen Räume von der Empfangshalle bis zum Gewölbekeller gezeigt. Sie sind mit wertvollen Möbeln, Gemälden, Kaminen, Öfen sowie Porzellan-, Waffen- und Glassammlungen ausgestattet. Zum Gut gehören auch ein Park, eine ehemalige Getreidemühle, eine moderne Stromerzeugungsanlage, eine Seifensiederei, Holzkunstwerkstatt, Maler- und Bildhaueratelier, Trakehnergestüt, die evangelische Marienkirche von 1563 und ein Café.

Stiftung Rittergut Hämelschenburg
Schlossstraße 1
31860 Emmerthal
☎ 051 55- 95 16 90
📠 051 55- 95 16 91
🖥 www.schloss-haemelschenburg.de

Monumental – Burgen, Schlösser und Denkmäler

Schloss Bevern

Schloss Bevern, Teil der „Erlebniswelt Renaissance"

Wenige Kilometer nordöstlich von Holzminden liegt die kleine Ortschaft Bevern mit dem Schloss, einem Hauptwerk der Weserrenaissance.

Das vierflügelige Gebäude mit prachtvollen Ziergiebeln wurde 1603–1612 nach Vorgaben von Statius von Münchhausen durch den Hamelner Baumeister Johann Hundertossen um einen quadratischen Innenhof mit zwei diagonal gegenüberstehenden Treppentürmen erbaut. Umgeben wird es von einem ausgetrockneten Wassergraben mit zwei Brücken.

Nach Fertigstellung des Schlosses war der Bauherr ein armer Mann. Seine Witwe überließ es dann Herzog August d. J. zu Braunschweig und Lüneburg, der es später seinem jüngsten Sohn vermachte. Nach 1773 diente das Schloss zunächst als Pensionärssitz, ab 1834 als Erziehungsanstalt. 1933 wurde hier eine SA-Sportschule und Pionierkaserne eingerichtet, und von 1945–1949 war es eine Flüchtlingsunterkunft, danach Möbellager. Ab 1956 im Besitz der Gemeinde Bevern, seit 1986 vom Landkreis, begann man dann mit der Restaurierung und nutzt es heute als Kulturzentrum.

In der Schlosskapelle finden regelmäßig Kammermusikkonzerte statt, in einem Teil vom Obergeschoss gibt es seit 1988 wechselnde Ausstellungen. Der Innenhof ist eine reizvolle Kulisse und dank hervorragender Akustik ein idealer Aufführungsort für Open-Air-Veranstaltungen, darunter Theater, die multimediale Inszenierung „Nächtliches Schloss erleben" oder die „Sagen-Nacht". Auch das Heimatmuseum Bevern hat hier seinen Sitz.

Landkreis Holzminden, Kulturressort
Weserrenaissance – Schloss Bevern
37639 Bevern
☎ 055 31-99 40 10
📠 055 31-99 40 20
🖥 www.schloss-bevern.de

Monumental – Burgen, Schlösser und Denkmäler

Schloss Corvey

Eingangsportal zum Schloss Corvey

Die 822 gegründete Benediktinerabtei östlich von Höxter war im Mittelalter eines der einflussreichsten und bedeutendsten Klöster in ganz Europa und ist heute im Privatbesitz.

Der größte Teil der Anlage, umgeben von einem großzügigen Park, ist heute öffentlich zugänglich. Das Hauptgebäude ist ein 1699–1714 erbautes Barockschloss. In ihm befinden sich der prächtige Kaisersaal mit 20 Bildnissen deutscher Kaiser, weitere historische Prunk- und Wohnräume aus dem 18./19. Jahrhundert, das Regionalmuseum, die Ausstellung zur Stadtgeschichte Höxter sowie im Nordflügel die fürstliche Bibliothek mit über 70 000 Bänden in prachtvollen Bücherschränken. Hinzu kommt der repräsentative Kreuzgang mit einem romanischen Triumphkreuz und die imposante Bildergalerie aller 66 Äbte von Corvey.

Bedeutendeste Sehenswürdigkeit ist jedoch das karolingische Westwerk von 873–885 als ältestes Baudenkmal des frühen Mittelalters in Westfalen. Von außen wirkt diese wuchtige Doppelturmanlage wie eine Festung. Die angeschlossene barocke Abteikirche geht auf 1667–1674 zurück und hat eine wertvolle Innenausstattung. Auf dem angrenzenden Friedhof ist Heinrich Hoffmann von Fallersleben begraben, der Dichter des Deutschlandliedes, der seine letzten Lebensjahre hier als Bibliothekar verbrachte.

Corvey ist heute aber auch ein Veranstaltungszentrum, darunter die Corveyer Musikwochen im Mai und Juni. Geöffnet ist das Schloss mit Museum von April bis einschließlich Oktober.

Das Hauptgebäude mit dem doppeltürmigen Westwerk

Kulturkreis Höxter – Corvey
Schloss Corvey
37671 Höxter
052 71-69 44 10
052 71-69 44 00
www.schloss-corvey.de

Monumental – Burgen, Schlösser und Denkmäler

Residenzschloss Bückeburg

Blick über den Spiegelweiher zum Schloss Bückeburg

Das Schloss erinnert an die fürstlichen Zeiten in der Residenzstadt Bückeburg.
Am Südende des Stadtzentrums liegt der Haupteingang, ein säulengeschmückter Barockbogen. Über die Schlossgraben-Brücke, deren Bronzeskulpturen allerdings nur Kopien der Originale von 1621 des holländischen Bildhauers Adriaen de Vries sind, kommt man zum Vorplatz mit dem Tugendbrunnen von 1552. Dahinter erhebt sich dann das ehemalige Residenzschloss, das hauptsächlich im 16. und 17. Jahrhundert erbaut wurde. Ältester Teil ist der Mittelturm, noch aus der Zeit der vorherigen mittelalterlichen Wasserburg.
Zur kostbaren Ausstattung gehören der Goldene Saal mit üppigen Schnitzereien aus dem 17. Jahrhundert, bemalter Kassettendecke und einer reich verzierten Tür. Erwähnenswert ist auch die Schlosskapelle, bereits Kapellenraum der früheren Burg, mit prächtigen Malereien im spätgotischen Kreuzrippengewölbe vom 17. Jahrhundert, ferner die Gemäldegalerie, u. a. mit Werken von Dürer, Cranach und Tischbein.
Im Schlosspark liegt das Mausoleum der Fürsten zu Schaumburg-Lippe, ein monumentaler Bau, der in 25 m Höhe die größte Goldmosaikkuppel Europas trägt. Der Park selbst im Stil eines englischen Gartens ist Bückeburgs grüne Lunge. Das Schloss, ein beliebter Veranstaltungsort, kann ganzjährig im Rahmen einer Führung (45 Min.) besichtigt werden, das Mausoleum nur von April bis Oktober.

Fürstliche Schlossverwaltung
Schlossplatz 1
31675 Bückeburg
057 22-50 39
057 22-90 91 84
www.schloss-bueckeburg.de

Und Action!
Spiel, Spaß und Spannung

Diese Rubrik verspricht sehr viel Abwechslung. Hier sollte jeder etwas für sich finden, beispielsweise luftig im Hochseilgarten, unter Tage im Bergwerk, naturnah im Tierpark, gemütlich bei einer Dampfzugfahrt oder erlebnisreich im Freizeitpark – die Auswahl ist riesengroß und sicher nicht ganz einfach!

Und Action! – Spiel, Spaß und Spannung

Museumseisenbahnen

Eisenbahnnostalgie kann man auch im Weserbergland noch erleben, und wer möchte nicht mal in einem von einer Dampflok gezogenen Zug sitzen?

Museums-Eisenbahn Minden

Dampfzug der Museums-Eisenbahn Minden

Der „Preußenzug" verkehrt an bestimmten Tagen zwischen Minden Oberstadt und Hille bzw. Kleinenbremen, wo sich dann die Besichtigung des Besucherbergwerkes anbietet. Zum Zug gehören zwei alte Dampflokomotiven preußischer Bauart sowie mehrere uralte Personenwagen der Klassen 2 bis 4.

Museums-Eisenbahn Minden e. v.
Ringstraße 115
32404 Minden
 05 71-241 00
 05 71-530 40
 www.vereine.minden.de/mem/

Dampfeisenbahn Weserbergland

Dampfeisenbahn bei Rinteln

Die „Dampfeisenbahn Weserbergland" verkehrt an bestimmten Tagen zwischen Rinteln Nord und Stadthagen West und bietet auch eine Weserbergland-Rundfahrt von Rinteln über Löhne und Minden nach Stadthagen an. Zum Fahrzeugpark gehören u. a. eine Dampflok, zwei Diesellok und verschiedene Reisezugwagen der Baujahre 1910–1960.

Dampfeisenbahn Weserbergland e. V.
Postfach 11 02 45
31729 Rinteln
 Tel. 057 51-52 13 (nur Fahrplanansage)
 www.dampfeisenbahn-weserbergland.de

Ein weiterer Verein bietet zu unterschiedlichen Zeiten Nostalgiezugfahrten mit Dampf- oder Diesellok von Hameln über Voldagsen nach Salzhemmendorf an. Informationen unter Tel. 039 245-20 42 bzw. Fax 039 245-910 56.

Und Action! – Spiel, Spaß und Spannung

Das Wasserstraßenkreuz in Minden

In Minden führt der Mittellandkanal über die Weser

Das Mindener Wasserstraßenkreuz, das größte Doppelkreuz der Welt, ist eine wichtige Drehscheibe für die Binnenschifffahrt. Bei dieser einmaligen Kreuzung nördlich der Altstadt wird der Mittellandkanal auf einer rund 400 m langen Brücke über die Weser hinweggeführt.

Als Anfang des 20. Jahrhunderts der Mittellandkanal gebaut wurde, planten die Konstrukteure den neuen Wasserweg zwischen Hannover und Münster auf einer konstanten Höhe von 50,30 m, um auf der gesamten Strecke ohne Schleusen auszukommen. Notwendig war allerdings die Weserüberbrückung. Das hier drei Kilometer breite Wesertal überwindet der Mittellandkanal auf einem Damm, die eigentliche Weserüberquerung ermöglicht eine trogartige Brücke, die man auch zu Fuß neben dem Kanal benutzen kann. 1998 wurde neben der alten eine zweite neue breitere Kanalbrücke für größere Schiffe in Betrieb genommen.

Zum Wasserstraßenkreuz gehört aber auch eine 88 m lange und 10 m breite Schachtschleuse zwischen Ober- und Unterhafen, die beide Wasserwege miteinander verbindet und den Höhenunterschied von 13,20 m zwischen Weser und Mittellandkanal überwindet. Vom Besuchergang kann die Schleusung der Schiffe genau beobachtet werden, und im Informationszentrum (geöffnet April–Oktober) erfährt man alles über Binnenschifffahrt und Wasserstraßen. Eindrucksvoll sind aber auch die Schachtschleusen-Kreuzfahrten von 50 bzw. 90 Min. Dauer.

> Schiffstouren:
> Mindener Fahrgastschifffahrt
> An der Schachtschleuse
> 32425 Minden
> 0571-64 80 80-0
> 0571-64 80 80-2
> www.mifa.com

Und Action! – Spiel, Spaß und Spannung

Potts Park mit Knopfmuseum

Die Achterbahn in Potts Park

Im Südwesten von Minden wartet ein ganzer Park voll Freizeit-Spaß und lässt nicht nur Kinderherzen höher schlagen. Mitmachen und Mitlachen ist hier das Motto, und „Potzi", das Maskottchen ist der Begleiter durch den Park.1969 gegründet, zählt er zu den ältesten Freizeitparks in Deutschland und bietet auf einer Fläche von 15 ha etwa 50 Attraktionen, einige davon weltweit einmalig.

Im Guiness-Buch der Rekorde findet sich beispielsweise die 500 qm große Riesenwohnung, in der Erwachsene nachvollziehen können, welche Probleme ein Kleinkind in seinem Zuhause hat. Urkomisch wirkt es, wenn die Nasenspitze der „Großen" nur die Tischkante erreicht oder diese die Sitzmöbel erklettern. Außergewöhnlich ist dagegen die Serviceeinrichtung „Up'n Pott", das wohl schönste Toilettenhaus Deutschlands, in dem jedes Bedürfnis zum reinen Vergnügen wird. Wetterunabhängig sind das überdachte Kinderland oder das interaktive Museum „Terra phänomenalis" zum Begreifen der Naturwissenschaft, darunter der facettenreiche Spiegeldom. Action versprechen z. B. Achter- und Wildwasserbahn, Rutschen oder der Freifallturm JoJo.

Die Welt des Knopfes vom Rohmaterial bis zum Endprodukt steht schließlich im Mittelpunkt des Knopfmuseums, und eine Diashow zeigt die Vielfalt vom simplen Knopf aus Knochen bis zum Schmuckstück aus Gold.

Der Park ist von Mitte/Ende März bis Mitte/Ende Oktober geöffnet, in der Vor- und Nachsaison teilweise nur mittwochs, samstags und sonntags.

Potts Park
Bergkirchener Straße 99
34429 Minden-West/Dützen
05 71-510 88
05 71-580 04 21
www.pottspark-minden.de

Und Action! – Spiel, Spaß und Spannung

Draisinenspaß bei Rinteln

Ein leichtes Vergnügen

200 m zu bewältigen. Ohne Unterbrechungen rechnet man 3 Stunden für die Hinfahrt und 1½ Stunden für die Rückfahrt. Im Einsatz sind 30 Draisinen, je 90 kg schwer und mit einer 7-Gang-Schaltung ausgestattet. Diesen beliebten Fahrspaß kann man zwischen April und Oktober genießen, wobei man besser vorab reserviert.

Seit es Eisenbahnen gibt, gibt es auch Draisinen. Erfunden wurde sie 1817 von Karl Friedrich Freiherr Drais von Sauerbronn, der seine Laufmaschine „Draissienne" nannte. Sie bildete die Grundlage für das Fahrrad und auch für die mit Muskelkraft betriebenen Schienenfahrzeugen, die z. B. für Streckenkontrollen oder bei Reparaturen eingesetzt wurden.
Am Funktionsprinzip hat sich von früher her nichts geändert, nur die Technik wurde verfeinert. Wie beim Fahrrad erfolgt der Antrieb mit Beinkraft über die Pedale. Die Fahrspur bestimmt das Gleis, und so dient der Lenker nur als Handstütze und eventuell als Anhängemöglichkeit für kleine Taschen. Auf der Draisine sitzen jeweils rechts und links zwei Aktive und sorgen für den Antrieb. Auf der Bank dazwischen haben zwei weitere Personen Platz. Auch eine Ablagefläche für Gepäck ist vorhanden. Überholen und Fahrtunterbrechungen sind an bestimmten Aussetzstellen möglich.
Die Draisinenstrecke folgt dem Lauf der stillgelegten Extertalbahn. Von Rinteln Süd an der gleichnamigen Ausfahrt der B 238 geht es durch eine sanfte Hügellandschaft bis nach Alverdissen. Auf der 18 km langen Strecke ist auf dem Hinweg eine Steigung von rund

Hier macht jeder mit

Pro Rinteln e. V.
Marktplatz 7
31737 Rinteln
057 51-403 988
057 41-403 989
www.draisinen.de

Und Action! – Spiel, Spaß und Spannung

Schillat-Höhle bei Hessisch Oldendorf

Blick ins Innere der Schillat-Höhle

Die Schillat-Höhle am Segelhorster Steinbruch bei Langenfeld nördlich von Hessisch Oldendorf wurde erst 1992 vom Sprengmeister Hartmut Brepohl entdeckt und nach dem Entdecker der unter Naturschutz stehenden benachbarten Riesenberghöhle, Bodo Schillat, benannt.

Sie ist die einzige Karsthöhle Deutschlands, die in Korallenoolith liegt und ist zwischen zweieinhalb und vier Millionen Jahre alt. Die Tropfsteinformationen sind einmalig im Weserbergland und bilden einen Märchenwald aus Kalzitkristallen.

Bei einer Gesamtlänge von 400 m sind 180 m für Besucher erschlossen. Sie liegt 45 m unter Tage und die Temperatur in der Höhle beträgt ganzjährig 8 Grad. Der Zugang zur Höhle erfolgt mit einem Glasfahrstuhl, der die Benutzer in die Tiefe bringt. Dann geht es am Rande des Steinbruchs durch eine Betonröhre, die von Studenten mit Höhlenmalereien versehen wurde.

Im Höhleninneren selbst sind diverse Fundstücke aus der Umgebung ausgestellt. Krönender Abschluss der einstündigen Führung ist eine faszinierende 3-D-Diashow mit Impressionen aus der benachbarten geschützten Riesenberghöhle. Vom Informationszentrum am Felsabbruch hat man ein atemberaubendes Panorama über den Steinbruch. Dort findet man umfangreiche Gesteinssammlungen, ein Café und Kinderspielgarten.

Führungen erfolgen samstags und sonntags um 10 und 14.30 Uhr, von April bis Oktober auch mittwochs um 14.30 Uhr, für Gruppen gemäß Absprache auch zu anderen Zeiten.

Tourist-Information
Marktplatz 13
31840 Hessisch Oldendorf
051 52-78 21 64
051 52-78 22 11
www.schillathöhle.de

Und Action! – Spiel, Spaß und Spannung

Die Gierseilfähre von Polle

Die Gierseilfähre bei Polle

Die Weser ist einer der wenigen Flüsse in Deutschland, an dem man noch die alte Technik des Gierens erleben kann. So steht die Poller Fähre am Fuß der malerischen Burgruine stellvertretend für weitere Gierseilfähren im Weserbergland.

Der Beruf des Fährmanns ist uralt, und das Fährrecht wurde früher als königliches Lehen vergeben. Die Fährmeister waren einst hochangesehene Leute, denn ihnen wurde sogar eine Fährgerichtsbarkeit zugestanden. So durften sie Straftaten im Umfeld ihrer Fährstelle ahnden.

Das Fährschiff ist mit vier Trossen und über Rollen an zwei die Weser überspannenden Stahlseilen befestigt. Mit Hilfe einer Winde strafft der Fährmeister die vorne angebrachte Trosse, welche mit dem stromaufwärts gespannten Gierseil verbunden ist. Die Fähre stellt sich dadurch im Winkel von 30 bis 40 Grad zum geplanten Kurs und wird durch die Wasserströmung angetrieben. Ein zweites Unterstromseil sichert sie gegen Windböen und Wasserwirbel. Die einzige Energie, die benötigt wird, ist Strom für die Akkumulatoren der Elektromotoren für die Winde. Die spezielle Technik des Gierens wurde vom Holländer Hendrik Heuck aus Nimwegen bereits 1657 erfunden.

Die Poller Fähre wurde 1988 in Bodenwerder gebaut, hat eine Tragfähigkeit von 42 Tonnen, kann bis zu 45 Personen und 4 Pkws und natürlich auch Fahrräder befördern und wird ganzjährig ohne festen Fahrplan betrieben. Weitere Gierseilfähren gibt es u.a. in Grohnde, Wahmbeck (Bodenfelde), Lippoldsberg oder Hemeln.

Verkehrsverein
Amtsstraße 4a
37647 Polle
055 35-411
055 35-411
www.polle-tourismus.de

Und Action! – Spiel, Spaß und Spannung

Allwetter-Sommer-Rodelbahn Bodenwerder

Rodelbahn Bodenwerder

Einen Riesenspaß verspricht die Allwetter-Sommer-Rodelbahn in Bodenwerder, denn der Rodelpark bietet nicht nur eine Rodelbahn, sondern eine Erlebnisspielwelt und eine wunderbare Landschaft.

Ein Lift überwindet die Höhendifferenz von 60 m. Am „Gipfel" beginnt dann die 950 m lange Rodelstrecke mit einem Gefälle von 10%, Tunnels und Steilkurven.

Die Erlebnisspielwelt umfasst zwei Spielplätze, Seilrutsche, elektrische Kletterwand, Hydraulik-Bagger, Kindereisenbahn mit Wassertunnel, Kinderkarussell, Elektroautos, Riesenbillard, Billardgolf, mehrere Trampolins, Minigolf, Schach usw.

Die traumhafte angelegte Landschaft mit Teichen und Bächen kann auf einem Natur-Erlebnis-Lehrpfad erkundet werden, die Aussichtsterrasse nach Absprache als Grill- und Picknickplatz genutzt werden.

Neben der normalen Gastronomie steht für Kindergeburtstage die Villa Kunterbunt und für größere Gruppen ein Veranstaltungszelt zur Verfügung. Ein absoluter Gag ist auch die Biersäule, beliebt bei fröhlich-lustigen Tischrunden unter Freunden.

Der Rodelpark ist geöffnet im März samstags und sonntags sowie während der niedersächsischen Ferien, von April bis Oktober täglich und im November an den drei ersten Sonntagen.

Allwetter-Sommer-Rodelbahn
Grüne Schleite 1
37619 Bodenwerder
055 33-93 48 00
055 33-93 49 00
www.rodelpark.de

Und Action! – Spiel, Spaß und Spannung

Wildpark und Waldmuseum Neuhaus

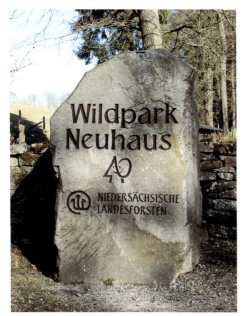

Eingang Wildpark Neuhaus

Auch Waschbären sind im Wildpark zu bewundern

menhänge des Lebensraumes Wald werden hier mit Schautafeln und Präparaten erläutert. Mit einem Streichelzoo, Kinderspielplatz und Restaurant ein ideales Ausflugsziel für Familien! Im Februar ist der Park geschlossen.

Neuhaus liegt inmitten des Sollings. Kurz nach dem Ortsausgang von Holzminden Richtung Uslar findet man den Wildpark, der die seltene Gelegenheit bietet, heimisches Wild hautnah zu erleben. Der Wildpark besteht schon über 40 Jahre und ist heute die Heimat von etwa 250 Tieren und 25 verschiedenen Arten. Erschlossen ist das 50 ha große Wald- und Wiesengelände durch einen 2,5 Kilometer langen Rundweg – und natürlich gibt es auch eine kürzere Variante!

Zu den Tieren, die man hier beobachten kann, gehören u. a. Muffel-, Reh-, Dam- und Rotwild, Steinmarder, Eichhörnchen, Waschbären, Luchse, Kolkraben, Auerhahn und mit ein bisschen Glück auch ein weißer Hirsch. Darüber hinaus ergeben sich im Jahresverlauf immer wieder besondere Erlebnisse, z. B. Wildschweinfrischlinge im März oder die Brunft des Rotwildes ab Mitte September.

Das ebenfalls auf dem Gelände liegende Waldmuseum ermöglicht einen Einblick in die Waldökologie. Die komplexen Zusam-

Wildpark und Waldmuseum Neuhaus
☎ 055 36-222
Postanschrift: Forstamt Neuhaus
Eichenallee 21, OT Neuhaus
37603 Holzminden
📠 055 36-95 02-0
   055 36-95 02-55
🖥 www.wildpark-neuhaus.de

Und Action! – Spiel, Spaß und Spannung

Besucherbergwerk Kleinenbremen

Mit diesem Dieseltriebwagen von 1937 geht es unter Tage

pen auch dienstags und freitags.
Dem Bergwerk ist das „Museum für Bergbau und Erdgeschichte" angeschlossen. Dort erfährt man viel über die ehemalige Zeche, die Entwicklung des Erzabbaus und zur Erdgeschichte der Region. An bestimmten Tagen kann der Besuch mit einer historischen Dampfzugfahrt ab Minden verbunden werden.

Eine Exkursion in das unterirdische Reich ist nicht nur lehrreich, sondern auch ein Erlebnis für die Sinne. In der ehemaligen Eisenerzgrube wurde von 1883 bis 1953 Erz gefördert. Nach ihrer Stilllegung wurde sie als Besucherbergwerk eingerichtet und 1988 neu eröffnet.

Die Besucher fahren mit einem alten Dieseltriebwagen von 1937 unter Tage, und eine Grubenbahn bringt sie zu den sehenswerten Stellen. Während der Tour erblickt man im gespenstischen Licht riesige Hohlräume mit mächtigen Säulen in den erzführenden Gesteinsschichten. Alte Förder- und Ladegeräte sowie mächtige Bohrwagen lassen gut nachempfinden, wie mühsam und gefährlich die Arbeit unter Tage einst war. Ein besonderer Höhepunkt ist die märchenhafte „blaue Lagune", ein imposanter See in einer abgebauten Lagerstätte.

Die Bergwerkstour dauert 1 ½ Stunden und ist auch für Kinder geeignet. In der Grube herrscht eine konstante Temperatur von 10 Grad C, sodass wärmere Kleidung empfohlen wird. Geöffnet hat das Besucherbergwerk von Ostern bis Ende Oktober samstags sowie an Sonn- und Feiertagen, für angemeldete Grup-

Vorführung eines alten Bohrgerätes unter Tage

Besucherbergwerk Kleinenbremen
Rintelner Straße 396
32547 Porta Westfalica
☎ 057 22-17 26 (nur Sa + So)

🖥 www.bergwerk-kleinenbremen.de

Info + Gruppenanmeldung:
MKB-Reisen GmbH
Karlstraße 48
32423 Minden
☎ 05 71-934 44-38/-42
📠 05 71-934 44-44

Und Action! – Spiel, Spaß und Spannung

Wisentgehege Springe mit Falkenhof und Gehegeschule

Luchspaar aus dem Wisentgehege

Der „Falkenhof" im Wisentgehege ist auch die Heimat für Bussarde

Südlich von Springe erstreckt sich der Kleine Deister bzw. Osterwald. Dort liegt das Wisentgehege mit einer Fläche von 90 ha. Bereits 1928 begann man mit der Erhaltungszucht des Wisent. Aus dem damals sehr kleinen Gehege hat sich der heutige große Tierpark entwickelt, in dem etwa 100 heimische Wildtierarten in großzügigen Gehegen artgerecht gehalten werden, darunter neben den Wisenten u. a. die Przewalski-Urwildpferde, prächtige Braunbären, Wölfe, Elche und elegante Fischotter. Auch Auerhahn, Birkhuhn und Eulen sind vertreten. Zum Wisentgehege gehört auch eine begehbare Freiflug-Voliere, wo der Besucher u. a. Kraniche und Störche aus der Nähe beobachten kann. Ein besonderes Anliegen ist der Erhalt der gefährdeten Wildarten. So kommt der Zucht eine große Bedeutung zu, und es kamen hier schon fast 300 Wisentkälber zur Welt.

Ein begehrtes Ziel ist aber auch der Falkenhof im Muffelwild-Gehege mit Falken, Adlern, Habichten, Bussarden und anderen Greifvögeln. Zweimal (April – Oktober) bzw. einmal (März und November) täglich außer montags werden sie im Rahmen einer 45-minütigen Flugvorführung vorgestellt.

Erschlossen ist das von alten knorrigen Eichen und urwüchsigen Buchen geprägte Wisentgehege von 6 km Wanderwegen. Zweimal täglich außer sonntags kann man auch an Tierfütterungen teilnehmen. Zum auch per Linienbus erreichbaren Park gehören eine Gehegeschule mit pädagogischer Betreuung und ein Restaurant.

Wisentgehege Springe
31832 Springe
☎ 050 41-58 28
📠 050 41-64 07 65
🖥 www.wisentgehege-springe.de

Und Action! – Spiel, Spaß und Spannung

Hochseilgarten Springe

Unterwegs auf dem Hochseilparcours

Im Ortsteil Altenhagen I wartet auf die Besucher ein ganz besonderer Nervenkitzel – ein Hochseilgarten! Hier kann man die eigenen Grenzen testen und neue Herausforderungen meistern.

Auf einer Höhe von 10 m wartet ein spannender Parcours mit Seilbrücken verschiedener Schwierigkeitsgrade, freien Sprüngen von Baum zu Baum und vielen Übungen, die Mut und Konzentration verlangen. Insgesamt sind 16 verschiedene Übungen bzw. Aufgaben zu erfüllen. Es geht darum, sich an die eigenen Grenzen heranzutasten und sie bewusst und aktiv zu überschreiten. Da gehören das Zittern der Knie und ein flaues Gefühl im Magen einfach dazu. Damit die Begehung der Anlage zum Erlebnis wird, ist natürlich alles bestens gesichert und betreut durch einen speziell ausgebildeten Outdoor-Trainer.

Der Hochseilgarten eignet sich sowohl für Einzelpersonen als auch für Gruppen von der Schulklasse (ab 12 Jahre) bis zum Firmenteam.

Gerade in der Gruppe schweißt das gemeinsame Erlebnis zusammen und vermittelt das Gefühl, es zusammen geschafft zu haben. Erwartet werden eine durchschnittliche Fitness und stabile gesundheitliche Verfassung. Feste Sport- oder Trekkingschuhe und eine der Witterung angepasste bequeme und strapazierfähige Kleidung sind erforderlich. Der Hochseilgarten bietet verschiedene Komplett-Programme an.

Luftiges Vergnügen

Hochseilgarten Springe GmbH
Büro: An der Weide 5
Anlage: OT Altenhagen I (B 217/Ecke Im Hagen)
31832 Springe
050 41-640 00 36
050 41-97 10 23
www.hochseilgarten-springe.de

Und Action! – Spiel, Spaß und Spannung

Besucherbergwerk und Museum Hüttenstollen, Osterwald

Blick in den Hauptstollen des Besucherbergwerks

und Ziegelei). Die Führungen erfolgen sonntags von Anfang März–Ende Oktober um 13.15 Uhr und 14.30 Uhr, Sonderführungen nach Vereinbarungen.

Der Hüttenstollen im Salzhemmendorfer Ortsteil Osterwald blickt auf eine lange Bergbautradition zurück und ist das älteste Steinkohlenbergwerk im ehemaligen Königreich Hannover. Die Förderung von Steinkohle begann in Osterwald 1585 und dauerte mit Unterbrechung bis 1953.

Die Kohle in Osterwald ist 100–140 Millionen Jahre alt und zählt damit zu den jüngsten Steinkohlevorkommen der Welt. Die fünf Flöze hatten nur eine Mächtigkeit von 35 bis 70 cm. Daher erfolgte der Abbau nur im Liegen. Die hier gewonnene Kohle wurde seinerzeit in der benachbarten Glashütte verwendet.

Im Museum des Besucherbergwerks

Seit 1980 ist der ehemalige Hüttenstollen durch den Verein zur Förderung des Bergmannswesens Osterwald e.V. ausgebaut, gesichert und für die Öffentlichkeit zugänglich gemacht worden. Im Rahmen einer etwa einstündigen Grubenführung mit Schutzhelm und bei 9–12 Grad geht es 300 m unter Tage, und man bekommt von den sachkundigen Stollenführern einen Einblick von den schwierigen Bedingungen vermittelt, unter denen die Steinkohle früher abgebaut und zu Tage gebracht wurde.

Das angegliederte Museum zeigt mittels verschiedener Ausstellungstücke die Industriegeschichte des Ortes (Glashütten, Steinbrüche

Besucherbergwerk Hüttenstollen
Verein zur Förderung des Bergmannswesens Osterwald e. V.
Steigerbrink 25, OT Osterwald
31020 Salzhemmendorf
✆ 051 53-96 48 46
📠 051 53-96 48 46

Und Action! – Spiel, Spaß und Spannung

Rasti-Land bei Salzhemmendorf

Rafting im Reich des T-Rex

Zwischen Osterwald und Ith findet man ein Freizeitparadies für Familien, insbesondere mit kleineren Kindern. Bewusst verzichtet man hier auf den letzten Nervenkitzel und lässt sich von Maskottchen Rasti, einem lustigen Hasen, in ein Land voll Abenteuer entführen.
Nass geht es zu! Dafür sorgen die Wildwasserbahn und sechs verschiedene Boots-Wasserrutschen. Trockener ist dagegen eine Fahrt mit der Bobkart-Bahn, bei der man durch den Edelstahlkanal saust und das Tempo selbst bestimmt. Wer die Geschwindigkeit liebt, fährt mit der superschnellen Achterbahn. Beliebt ist auch Go-Kart fahren, hier im Eintrittspreis inklusive. Hoch hinaus geht es mit der Riesenschaukel, und gleich nebenan erlebt der Besucher eine gruselige Piratenfahrt. Auch die kleinen Besucher kommen auf ihre Kosten. Sie erwartet u. a. Ballonkarussell, Comicbahn, Mini-Autoscooter oder Pferdekarussell.
Absoluter Besuchermagnet ist aber der Besuch „Im Reich des T-Rex". Die das Gelände erschließende Raftingbahn bietet einen einmaligen Whirlpooleffekt. Bei der Fahrt wird man von einem Strudel in die Tiefe gerissen und gelangt durch einen Wasserfall wieder ans Tageslicht. Am Ufer warten bewegliche, lebensgroße Dinosaurier, und Spezialeffekte lassen sprudelnde Geysire und Vulkanausbrüche erleben.
Rasti-Land ist von Ostern/Anfang April bis Ende Oktober geöffnet, außerdem an den Adventswochenenden (Fr–So) mit Weihnachtsmarkt und geöffneten Fahrgeschäften nur für Kinder bis 8 Jahre.

Per Bobkart durch den Edelstahlkanal

Rast-Land
Quantdorfer Str. 9 /An der B 1
31020 Salzhemmendorf OT Benstorf
051 53-94 07-0
051 53-94 07-13
www.rasti-land.de

Und Action! – Spiel, Spaß und Spannung

Dunsthöhle Bad Pyrmont

Der Pavillon der Dunsthöhle

tödliche Kohlensäuregas ist nur durch Experimente nachweisbar, z. B. mit angezündetem Stroh oder Seifenblasen. Es dringt durch Risse und Gesteinsklüfte an die Oberfläche und tritt trocken als so genannte Mofette aus. Seinen Ursprung hat es in einer Tiefe von 3000 bis 4000 m, wo sich ein erkalteter Magmaherd befindet.

Da das Gas Heilwirkung hat, kann man im Königin-Luise-Bad CO_2-Quellgasbäder erhalten, die z. B. bei rheumatischen oder allergischen Erkrankungen helfen. Die Dunsthöhle kann von April bis Dezember im Rahmen von Führungen besucht werden.

Einmalig in Deutschland ist das Naturphänomen der Dunsthöhle. Sie befindet sich auf dem Gelände eines früheren Steinbruchs, in dem im 17. Jahrhundert Bundsandstein abgebaut wurde. Schon damals beobachtete man Ohnmachtsanfälle bei Arbeitern, wenn sie in eine bestimmte Tiefe kamen. Auch fand man immer wieder tote Vögel und anderes Getier. Der berühmte Pyrmonter Brunnenarzt Dr. Johann Seip ging diesen Erscheinungen nach und vermutete ein schweres unsichtbares Gas, den Schwefeldunst. Erst 1775 erkannte man, dass es sich um Kohlendioxyd (CO_2) handelte.

Das Gas ist eineinhalb mal schwerer als Luft, steigt maximal bis zur Höhe des Geländers vom Besucherrgang und reagiert hauptsächlich auf Lufttemperatur und Luftdruck. So steigt der Gasspiegel bei hohen und sinkt bei niedrigen Temperaturen. Das unsichtbare und

Dunsthöhle
Am Helvetiushügel
31812 Bad Pyrmont
Führungen:
☎ 052 81-15 15 88
☎ 052 83-84 87

Und Action! – Spiel, Spaß und Spannung

Alaris Schmetterlingspark Uslar

Außenansicht des Schmetterlingspark

Der 1993 eröffnete Alaris Schmetterlingspark in Uslar liegt gegenüber dem Erlebnisbad „Badeland" und bringt ein Stück Exotik in das Weserbergland.

Das achteckige 11 m hohe Gebäude ist eine Attraktion für Naturfreunde. Interessant ist der Besuch nicht nur wegen der Schmetterlinge, sondern auch wegen des üppigen tropischen Flairs mit Lianen, Bambus, Bananenstauden, Würgfeigen, Farnen und Orchideen.

Während es in der freien Natur oftmals gar nicht so leicht ist, einen farbenprächtigen Schmetterling zu beobachten, ist das hier anders. Da die Schmetterlinge der Tropen den Menschen nicht als Feind kennen, haben sie keine Berührungsängste und landen auch schon mal auf dem Kopf eines Besuchers.

Im Laufe der Saison können etwa 120 verschiedene Schmetterlingsarten bewundert werden, die u. a. aus Madagaskar, Asien, Australien und Südamerika stammen. Bei einem Gang durch die lichtdurchflutete Halle mit Teich und Ruheplätzen kann man Schmetterlinge in allen Stadien vom Ei über Raupe und Puppe bis hin zum ausgewachsenen Falter aus nächster Nähe beobachten. Die größten vertretenen Exemplare, die Atlas-Seidenspinner aus Südamerika, bringen es auf eine beachtliche Flügelspannweite zwischen 20 und 30 cm.

Geöffnet ist der Alaris Schmetterlingspark von Mitte März bis einschließlich Oktober täglich außer montags, jedoch kein Ruhetag während der niedersächsischen Schulferien.

Ein Tagpfauenauge auf einer Fliederblüte

Alaris Schmetterlingspark
Zur Schwarzen Erde
37170 Uslar
055 71-67 34
055 71-67 35
www.alaris-schmetterlingspark.de

Und Action! – Spiel, Spaß und Spannung

Tierpark Sababurg

Blick vom Tierpark Richtung Sababurg

Der am Fuße der Sababurg gelegene Tierpark ist mehr als 400 Jahre alt. Der Gründer, Landgraf Wilhelm IV., nutzte ihn für Forschungs- und Jagdzwecke. So ließ dieser schon damals Ure, Hirsche, Damwild, Gemsen, Elche und Rentiere hierher bringen. Eine wuchernde Dornenhecke, die den Park umgab, inspirierte die Gebrüder Grimm zu ihrem Märchen „Dornröschen". Ab etwa 1770 wurde der Park dann barock umgestaltet. Die damals geschlagenen Schneisen sind heute als Eichenalleen erhalten. Ende des 18. Jahrhunderts verfiel die Burg, und der Tiergarten wurde dem Gestüt Beberbeck zugeteilt, das Gelände teilweise abgeholzt und überwiegend zur Pferdezucht genutzt. Anfang des 20. Jahrhunderts fiel das Areal dann an die Domäne Beberbeck.

Der heute 130 ha große Tierpark wurde 1973 neu eröffnet und hat drei Schwerpunkte. Im „Urwildpark" werden bedrohte (und ausgestorbene) heimische Wildarten in Form von Rückzüchtungen gehalten, im „Haustiergarten" findet man Haus- und Nutztierrassen und im „Kinderzoo" gibt es Streicheltiergehege, aber auch Exoten wie Pinguine, Kängurus und Affen. Dazu gehören auch Greifvogelvorführungen oder Schaufütterungen bei den Fischottern und Pinguinen, teils nur im Sommer. Unweit vom Eingang befindet sich in einem Fachwerkhaus von 1610 auf zwei Etagen in zwölf Räumen ein Forst- und Jagdmuseum. Der Tierpark ist ganzjährig geöffnet.

Die Pinguine gehören zu den Exoten des Tierparks

Tierpark Sababurg
Verwaltung
Kasinoweg 22
34369 Hofgeismar
056 71-80 01-251
056 71-80 01-250
www.tierpark-sababurg.de

Kulturelle Vielfalt
Konzerte, Festivals und Feste

Das Weserbergland bietet zahlreiche abwechslungsreiche und niveauvolle Veranstaltungen, insbesondere im Musikbereich mit Konzerten in Kirchen, Klöstern und in historischen Schlössern, aber auch viele andere Events für Groß und Klein. Dazu zählen beispielsweise die Rattenfänger-Spiele in Hameln als Beispiel aus dem Sagen-Bereich, verschiedene Freilichtbühnen mit ihrem besonderen Flair, Veranstaltungen mit festlicher Beleuchtung und Feuerwerk ebenso wie der Osterräderlauf in Lügde oder die Fürstliche Hofreitschule in Bückeburg.

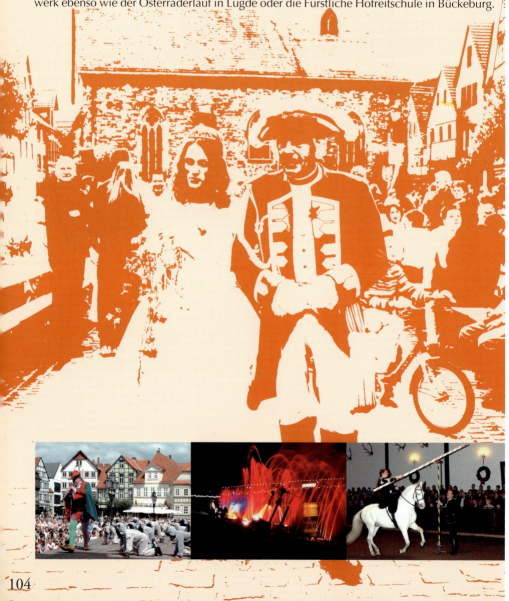

Kulturelle Vielfalt – Konzerte, Festivals und Feste

Goethe Freilichtbühne Porta Westfalica

Szene aus dem Stück „Schweinchen Babe"

Seit mehr als 75 Jahren ist dieses Theater auf der Naturbühne zu Füßen des Kaiser-Wilhelm-Denkmals zu Hause, wurde das erste Stück doch schon 1928 aufgeführt.

Das Naturtheater befindet sich an der Stelle eines ehemaligen Steinbruchs. Es stehen insgesamt vier Spielebenen zur Verfügung, die durch zahlreiche Wege miteinander verbunden sind. Dieser riesige Platz inspiriert natürlich immer wieder zu faszinierenden Kulissen und imposanten Szenen.

Vor dem Zweiten Weltkrieg widmete sich die Bühne der Pflege klassischer deutscher Dramen, und so waren Hebbel, Schiller und Goethe die Bühnenautoren der ersten Jahre. Von 1940 bis 1953 ruhte der Spielbetrieb. Seit 1961 gehören nun auch Märchenstücke zum jährlichen Spielplan, und gerade die Kinder haben sich als treues Publikum erwiesen. Verändert hat sich für die Erwachsenen die Dramaturgie des Spielplans, denn heute kommen Vertreter des europäischen Volkstheaters aus allen Ecken Europas und aus allen Zeiten zu Wort.

Alljährlich werden vier Erwachsenen- und ein Kinderstück inszeniert. Darüber hinaus gibt es einmal im Jahr eine „Musical-Night" als Gastspiel. Während man von Mai bis September die Porta Freilichtbühne nutzt, spielt man in der übrigen Zeit in verschiedenen Mindener Spielstätten, sodass die Bühne aus Porta Westfalica heute auch eine feste Mindener Institution ist.

Goethe Freilichtbühne Porta Westfalica
Unter den Tannen, OT Barkhausen
32457 Porta Westfalica
05 71-7 13 68
www.portabuehne.de

Kulturelle Vielfalt – Konzerte, Festivals und Feste

Rattenfänger-Freilichtspiele und Musical Rats Hameln

Rattenfänger-Freilichtspiele

1284 litt Hameln unter einer Rattenplage. Ein seltsam bunt gekleideter Flötenspieler bot jedoch gegen Geld an, die Stadt von allen Ratten zu befreien. Die Stadtväter sicherten die Zahlung zu, und der Flötenspieler lockte mit seinem Spiel alle Ratten aus der Stadt hinaus, wo diese in der Weser ertranken. Doch die Stadt verweigerte nun den versprochenen Lohn, und der Flötenspieler ging verbittert fort. Am 26. Juni kam er dann zurück und ließ in der Zeit des Kirchenbesuches erneut seine Flöte erklingen. Diesmal folgten ihm aber 130 Kinder, die er durch das Ostertor hinaus aus der Stadt in einen Berg führte, wo er mit ihnen verschwand.

Die weltweit bekannteste deutsche Sage lebt hier seit 1956 durch das Rattenfänger-Freilichtspiel fort. Von Mitte Mai bis Mitte September wird es sonntags um 12 Uhr auf der Terrasse des Hochzeitshauses aufgeführt. Etwa 80 Laiendarsteller präsentieren sich dann in historischen Kostümen als Stadtväter, Bürgerfrauen und Ratten von 1284. Wem das Gedränge bei der 30-minütigen kostenlosen Aufführung zu viel ist, kann eine mechanische Kurzfassung auch um 13.05, 15.35 und 17.35 Uhr durch das Glockenspiel mit Figurenumlauf an der Westseite des Hochzeitshauses erleben.

Als zusätzliche Attraktion wurde im Jahre 2000 während der Expo in Hannover das Rattenfängermusical „Rats" ins Leben gerufen. Diese spritzige Interpretation fand ebenfalls schnell viele Freunde. So wird das kostenlose 40-minütige Musical von Anfang Mai bis Mitte September mittwochs um 16.30 Uhr ebenfalls vor dem Hochzeitshaus aufgeführt.

Szene aus dem Rattenfänger-Musical Rats

Hameln Marketing und Tourismus GmbH
Deisterallee 1
31785 Hameln
☎ 051 51-95 78 23
📠 051 51-95 78 40
🖥 www.hameln.de

Kulturelle Vielfalt – Konzerte, Festivals und Feste

Münchhausen-Spiel, Hochzeit und Musical Bodenwerder

Baron von Münchhausen und seine Gäste

Bodenwerder ist die Heimat des als „Lügenbaron" in die Geschichte eingegangenen Karl Friedrich Hieronymus Freiherr von Münchhausen. Sein Leben verlief recht abenteuerlich, und in geselliger Runde erzählte er gerne aus seinem Leben, wobei er es mit der Wahrheit nicht so genau nahm. Seine wohl berühmteste Lügengeschichte, der berühmte Ritt auf der Kanonenkugel, steht im Zusammenhang mit den verschiedenen Feldzügen, an denen er teilnahm.

Den Titel „Lügenbaron" erhielt er aber nicht für seine fantastischen Geschichten, sondern erst im hohen Alter durch eine eher traurige Begebenheit. Nach dem Tode seiner langjährigen Gattin heiratete er mit 74 Jahren eine Zwanzigjährige aus Polle, die dadurch wohlhabende Freifrau wurde. Diese nutzte ihn aber nur finanziell aus, und als ihm die Augen aufgingen, folgte ein endloser Scheidungsprozess, der ihn sein Vermögen kostete und in dessen Verlauf der verbitterte Münchhausen vom Gegenanwalt abfällig als „Lügenbaron" bezeichnet wurde.

Dem „Lügenbaron" ist heute ein eigenes Museum gewidmet und verschiedene Veranstaltungen im Laufe des Jahres, darunter seine zweite Hochzeit im hohen Alter, und seit Sommer 2005 auch ein Musical. Am bekann-

testen ist jedoch das sonntags von Mai bis Oktober stattfindende Münchhausen-Spiel auf der Freitreppe des Rathauses. Um 14 Uhr treten zunächst die Münchhausen-Musikanten auf und um 15 Uhr lädt der Baron dann mit seiner Tafelrunde zum Münchhausen-Spiel ein.

Der Baron von Münchhausen und seine junge Frau

Tourist-Information
Münchhausenplatz 3
37619 Bodenwerder
☎ 055 33-405-41
📠 055 33-405-62
🖥 www.bodenwerder.de

Kulturelle Vielfalt – Konzerte, Festivals und Feste

Lichterfest Bodenwerder

te Wasserspiele kündigen den Höhepunkt der Veranstaltung an, das größte musikalische Höhenfeuerwerk Norddeutschlands. Den Abschluss bildet dann die Mega-Disco-Party am Schiffsableger.

Bunte Wasserspiele

Das Lichterfest gilt als Höhepunkt der Saison und findet immer an einem Samstag Mitte August an der Weserpromenade statt und bietet viele Attraktionen zu Lande, zu Wasser und in der Luft.

Auf Besucher wartet beispielsweise ein großes Western-Camp mit Trappern, Indianern, Cowboys und Soldaten. Beachtung verdient auch eine Miniaturausgabe des alten Raddampfers „Kaiser Wilhelm", der mit Wasserfontänen und Bootsfeuerwerk auf der Weser kreuzt. Einzigartig ist die 150 m lange Wasserorgel mit Wasserspielen, bunten Lichteffekten und einem Aqua-Feuerwerk. Für Dramatik am Himmel sorgen dagegen Heißluftballonfahrer, Drachen- und Ultraleichtflieger. Die Kleinen lockt der große Kinder-Spielpark, wo getobt werden kann und ein Animationsprogramm geboten wird. Großes Interesse weckt auch immer das Münchhausen-Entenrennen auf der Weser. Das musikalische Rahmenprogramm sieht Musik für alle Altersgruppen vor. Und natürlich gibt sich auch der „Baron von Münchhausen" auf dem Fest die Ehre.

Die „Magic Night" ist schließlich ein unvergessliches Erlebnis für alle Besucher. Die Weserpromenade präsentiert sich dann im bunten Lichterglanz, und Fackelschwimmer, ein festlich geschmückter Bootskorso sowie bun-

Feuerwerk beim Lichterfest

Verkehrsverein Bodenwerder-Kemnade e. V.
c/o Tourist-Information
Münchhausenplatz 3
37619 Bodenwerder
055 33-405-41
055 33-405-62
www.bodenwerder.de

Kulturelle Vielfalt – Konzerte, Festivals und Feste

Freilichtbühne Bökendorf

Bühnenbild „Der Glöckner von Notre Dame"

Bökendorf ist eine alte Siedlung etwa 18 km westlich von Höxter. Das dortige Schloss Bökerhof, heute ein Museum, war einst Treffpunkt von Annette von Droste-Hülshoff oder der Gebrüder Grimm. Heute finden wir in Bökendorf eine der erfolgreichsten deutschen Amateurbühnen.

Das Amateurtheater hat eine lange Tradition. Die erste Aufführung fand 1950 vor dem Schloss Bökerhof statt, und seit 1951 spielt man im ehemaligen Steinbruch am Hasenholz mit natürlicher Waldkulisse auf eigener Freilichtbühne.

Eine überdachte Zuschauertribüne ermöglicht seit 1996 ein Open-Air-Theater-Erlebnis bei jedem Wetter. Die Bühne bietet drei Spielebenen mit vielen Auftrittsmöglichkeiten und zwei Ausstiegsluken für Auftritte aus der Erde. Durch den Einsatz von Körpermikrofonen und moderner Übertragungstechnik, Benutzung vielfältiger visueller und akustischer Effekte wie Lichtwechsel, Geräusche und Musikeinspielungen sowie einer Drehbühne, kann die Technik mit einem professionellen Theaterbetrieb konkurrieren.

Während der Theatersaison (Juni–September) werden stets ein Erwachsenen- und ein Kinderstück aufgeführt. Das Repertoire ist breit gespannt und umfasst Klassiker, Volksstücke, Musicals und Märchen.

Szene aus der „Bettleroper"

Freilichtbühne Bökendorf e. V.
Postanschrift: Dechant Grüne-Straße 6
Spielort: Freilichtbühne in Bökendorf
33034 Brakel
☏ 052 76-80 43
📠 052 76-98 69 87
🖥 www.freilichtbuehne-boekendorf.de

Kulturelle Vielfalt – Konzerte, Festivals und Feste

Doktor-Eisenbart-Spiele Hann. Münden

Doktor-Eisenbart-Spiel vor dem Rathaus

Von Mitte Mai bis Anfang Oktober lädt der Wunderarzt außerdem samstags um 13.30 Uhr zu einer kleinen Sprechstunde in der unteren Rathaushalle ein, und Gruppen können sich eine 15 Minuten dauernde Begrüßung durch ihn und zwei seiner Gesellen bestellen, ein wahrhaftiger Spaß!

Doktor-Eisenbart-Spiel am Rathaus-Giebel

Dieses Theaterstück von etwa einer Stunde Dauer erinnert an den legendären Wanderarzt, Dr. Johann Andreas Eisenbart, der 1727 in Hann. Münden verstarb.

Bei manchen Zeitgenossen galt er als genialer Operateur, bei anderen war er als Scharlatan verschrien, nicht zuletzt aufgrund des auf ihn gedichteten Spottliedes, das um 12, 15 und 17 Uhr als Glockenspiel mit Figurenumlauf im Rathausgiebel ertönt. Seine Operationen wurden von einer Komödiantenbühne begleitet, die mit Musik und Possen die markerschütternden Schreie seiner Patienten übertönen mussten, da es damals noch keine Narkose gab. Zu seinen medizinischen Taten zählen aber auch erfolgreiche Kuren mit selbst hergestellten Medikamenten, die Erfindung einer Nadel zum Starstechen oder eines Hakens zur Entfernung von Polypen.

Das heutige Spiel wurde vom Hobby-Bühnendichter Richard-Alfred Henning geschrieben und 1955 uraufgeführt. 1957 wurde dann eine Doktor-Eisenbart-Spielgruppe gegründet, die seit 1958 eine gekürzte Version des Originalstückes spielt. Heute wird das Stück zwischen Pfingsten und Ende August an bestimmten Sonntagen um 11.15 Uhr vor dem Rathaus aufgeführt.

Touristik Naturpark Münden
Rathaus, Lotzestraße 2
34346 Hann. Münden
055 41-75-313/-315
055 41-75-404
www.hann.muenden.de

Kulturelle Vielfalt – Konzerte, Festivals und Feste

Fürstliche Hofreitschule Bückeburg

Abendgalas, bei denen man die mittelalterlichen Hofkünste – Reiten, Fechten, Tanz und Musik – bei einem Festbankett erlebt.
Die Hofreitschule ist von März bis Dezember geöffnet.

Reitkunstvorführung (draußen)

Das Schloss in Bückeburg war im 18. Jahrhundert eines der bedeutendsten Reitkunstzentren Europas. Seit 2004 zeigt Deutschlands erste Hofreitschule hier wieder historische Reitkunst.
Im 1608 erbauten Renaissance-Reithaus finden halbstündige „Reitkunstvorführungen" statt. Internationale Reitkünstler führen hier in authentischen Kostümen aus Barock und Renaissance die Reitkunst des 17. und 18. Jahrhunderts vor. Vorführungen finden statt samstags um 15.30 Uhr, sonntags um 12 und 15.30 Uhr sowie während der Schulferien auch dienstags bis freitags um 15.30 Uhr.
Das „Marstallmuseum" ist von Dienstag bis Sonntag von 10 bis 17 Uhr geöffnet und beherbergt eine beeindruckende Zeug- und Rüstausstellung, darunter auch Exponate aus dem fürstlichen Besitz. Im „Stall der Fürstlichen Hengste" können edle Hengste der überlieferten Pferderassen der europäischen Königshöfe von ganz Nahem bewundert werden, beispielsweise Lipizzaner oder Berber. Die „Morgenarbeit" der Schulhengste kann dienstags bis samstags von 11.30 bis 13 Uhr und außerhalb der Schulferien dienstags bis freitags von 14.30 bis 16 Uhr beobachtet werden. Absolute Höhepunkte sind die

Reitkunstvorführung (drinnen)

**Fürstliche Hofreitschule –
Die Tjoster Veranstaltungs GmbH
Schlossplatz 7b
31675 Bückeburg**
057 22-89 83 50
057 22-90 90 821
www.die-hofreitschule.de

Kulturelle Vielfalt – Konzerte, Festivals und Feste

Freilicht- und Waldbühne Osterwald

Szene aus der Simba-Löwen-Aufführung

Seit mehr als 50 Jahren begeistert die Freilicht- und Waldbühne Osterwald in jeder Spielsaison viele tausend Besucher. Durch ihre Lage im Wald bietet sie eine außergewöhnliche Atmosphäre, nämlich Kultur in der grünen Natur!

Mit der Geschichte der Bühne sind über 70 Inszenierungen und Hunderte von Aufführungen und Darstellern verbunden. Im Sommer 1950 tat sich eine Gruppe von Laienschauspielern zusammen, deren Ziel es war, anlässlich des 375. Todestages von Hans Sachs 1951 einige Schwänke dieses Meistersängers aufzuführen. Ermutigt durch den ersten Erfolg bei der Aufführung dieser Sachsstücke, wollte man es nicht dabei belassen und legte somit den Grundstein für das heutige Theater. 1982 wurde erstmals ein Märchenstück für Kinder aufgeführt. Noch immer kommen alle Schauspieler nur aus der näheren Umgebung.

Das Theater verfügt über rund 600 Sitzplätze und eine professionelle technische Ausstattung. Engagierte Laienschauspieler führen alljährlich über 40 Stücke auf. Das Programm wechselt von Jahr zu Jahr. Dazu gehören immer ein Märchenstück und ein unterhaltsames Boulevard- bzw. Volksstück, in 2005 beispielsweise „Der kleine Vampir" und „Columbo – Mord auf Rezept". Die Spielsaison geht von Ende Mai bis Anfang September. Aufführungstage sind Freitag, Samstag und Sonntag.

Freilicht- und Waldbühne Osterwald e. V.
Spielstätte: An der Freilichtbühne 7, OT Osterwald
Postanschrift: An der Jägerhütte 1
31020 Salzhemmendorf
051 53-96 069
051 53-96 067
www.freilichtbuehne-osterwald.de

Kulturelle Vielfalt – Konzerte, Festivals und Feste

Goldener Sonntag Bad Pyrmont

Impression vom Goldenen Sonntag, Deutschlands ältestem Lichterfest

Das Staatsbad Pyrmont nennt sich auch gerne „Musikbad", denn Kurmusik hat hier Tradition und besitzt durch ein hohes Niveau überregionalen Charakter. Aber nicht nur die Musik von Klassik über Jazz bis Pop begeistert, ob Puppentheater, faszinierende Varietéabende oder Boulevardkomödie, die Kurstadt bietet über das Jahr ein großes und abwechslungsreiches Kulturprogramm mit über 120 Veranstaltungen.

„Der Goldene Sonntag", das über 250 Jahre alte und damit älteste Lichterfest Deutschlands, ist für viele der absolute Höhepunkt im alljährlichen Veranstaltungsreigen. Traditionell findet es am ersten September-Wochenende statt. Der Kurpark erstrahlt dann durch 10 000 Lampions und andere Lichter. Ein großes Open Air-Programm mit Auftritten zahlreicher Künstler gehört ebenso dazu wie der Abschluss mit einem grandiosen Musik- und Höhenfeuerwerk.

Weitere herausragende Veranstaltungen sind der „Pyrmonter Sommer" auf der Schlossinsel mit Open-Air-Auftritten verschiedener Künstler, die „Landpartie" als etwas andere Ausstellung zu den Themen Haus, Garten, Kultur und Lebensart, ferner das „Palmenfest" mit exotischem Flair oder das Kleinkunstfestival „Kleines Fest im Großen Kurpark".

Kurverwaltung Staatsbad Pyrmont
Heiligenangerstraße 6
31812 Bad Pyrmont
052 81-15 01
052 81-15 19 10
www.staatsbad-pyrmont.de

Kulturelle Vielfalt – Konzerte, Festivals und Feste

Osterräderlauf in Lügde

Stopfen eines Osterrades

Oben am Berg werden die Räder mit 15–20 Bund Roggenstroh gestopft und mit gedrehten Haselnussruten ins Rad geflochten. Die gestopften Räder wiegen etwa 380–400 kg und gehen nach dem Anzünden auf eine ca. 650 m lange Reise ins 80 Meter tiefer liegende Tal. Der Osterräderlauf mit Umzug, Livemusik, Kinderprogramm und Höhenfeuerwerk lockt alljährlich Tausende Besucher an.

Die Pyrmont benachbarte westfälische Kleinstadt Lügde gilt als Heimat der Osterräder. Mit einem von Stadtmauer und Wehrtürmen umgebenem historischen Stadtkern, der Kilianskirche aus dem 12. Jahrhundert und dem Köterberg als bestem Aussichtspunkt für das ganze Weserbergland, ist sie nicht nur zu Ostern ein lohnendes Ziel.

Einer alten Tradition folgend lässt man am ersten Ostertag bei Einbruch der Dunkelheit sechs brennende massive Holzräder vom 285 m hohen Osterberg ins Tal hinabrollen. Als Vorläufer für dieses uralte Brauchtum gilt der heidnisch-germanische Sonnenkult, denn das Feuerrad ist ein Sinnbild der Sonnenscheibe, und auch die germanische Frühlingsgöttin Ostara wird häufig mit dem Räderlauf in Verbindung gebracht. Dieses etwa 2000 Jahre alte Brauchtum wird heute vom Dechenverein in Lügde gepflegt.

Ein Osterrad besteht aus gelagertem Eichenholz und hat einen Durchmesser von ca. 1.70 m. Die vier Holzlagen werden mittels Stahlbolzen zusammengehalten und ergeben eine Radstärke von 26–28 cm. Zwei gekreuzte Balken bilden die Radspeichen.

Die Laufspuren der sechs Osterräder

Tourist Information Lügde
Am Markt 1
32676 Lügde
052 81-77 08 70
052 81-989 98 70
www.touristinformationluegde.de

Grüne Oasen
Naturschutzgebiete, Parks- und Gartenanlagen

Die Berge des Weserberglandes sind von ausgedehnten Wäldern bedeckt. Daneben gibt es verschiedene Naturschutzgebiete und gepflegte Park- und Gartenanlagen, die zum Wandern, Wandeln und Spazierengehen einladen. Die Schönsten seien hier vorgestellt.

Grüne Oasen – Naturschutzgebiete, Parks- und Gartenanlagen

Naturpark Weserbergland-Schaumburg-Hameln

Dieser wurde 1975 gegründet und umfasst 1116 qkm mit 60% Waldanteil. Der Naturpark reicht von Bückeburg im Nordwesten bis Bad Nenndorf im Nordosten bzw. Bad Pyrmont im Südwesten und Salzhemmendorf im Südosten mit Hameln als Zentrum. Die abwechslungsreiche Landschaft mit überwiegend dicht bewaldeten Bergen, das Wesertal, zahlreiche bekannte Heilbäder, vielfältige Sehenswürdigkeiten und Freizeiteinrichtungen bieten gute Voraussetzung für einen Urlaub. Zu den landschaftlichen Höhepunkten gehören das Naturschutzgebiet Hohenstein mit seinen Klippen, der Naturwald Saubrink/Oberberg im nördlichen Ith oder als Besonderheit die Süntelbuchen. Höchster Punkt ist die 440 m Hohen Egge, gleichzeitig Standort des Süntelturms.

Landkreis Hameln-Pyrmont
Pferdemarkt 1
31785 Hameln
☎ 0 51 51-90 31-79
📠 0 51 51-90 31-77
🖥 www.hameln-pyrmont.de

Der Süntelturm

Naturpark Solling-Vogler

Blick vom Kamm des Voglers Richtung Ith

Grüne Oasen – Naturschutzgebiete, Parks- und Gartenanlagen

Der Reiz des 530 qkm großen Naturparks liegt in seinen ausgedehnten Wäldern, die allein 80% der Fläche einnehmen, seinen lieblichen Tälern, zahlreichen kulturhistorischen Sehenswürdigkeiten und interessanten Freizeitangeboten. Die Sandsteingebirge von Solling und Vogler bieten einige Naturschönheiten, darunter das eindrucksvolle Hochmoor Mecklenbruch bei Silberborn im Solling und die Rühler Schweiz zwischen beiden Gebirgen, die besonders zur Zeit der Obstbaumblüte die Sinne berauscht. Erwähnenswert sind ferner das Naturschutzgebiet Frauenschuhwiese am Burgberg nördlich von Bevern, das Hutewald-Projekt am Schloss Nienover oder der Erlebniswald bei Schönhagen. Das Gebiet zeichnet sich auch durch Wildreichtum aus. Die höchste Erhebung des Naturparks ist zwar mit 528 m die Große Blöße im Solling, die beste Aussicht hat man jedoch vom 460 m hohen Ebersnacken im Vogler.

Zweckverband Naturpark Solling-Vogler
Lindenstraße 6, OT Neuhaus
37603 Holzminden
055 36-13 13
055 36-99 97 99
www.naturpark-solling-vogler.de

Naturpark Münden

Ganz im Süden des Weserberglandes liegt der 1959 gegründete Naturpark Münden mit 400 qkm Fläche. Er umfasst eine reizvolle Mittelgebirgslandschaft im Gebiet von Weser, Werra und Fulda sowie Hann. Münden als Zentrum. Im Nordwesten reicht er bis Bursfelde, im Nordosten gehört die Dransfelder Hochebene dazu, und im Süden geht das Gebiet bis vor die Tore von Kassel. Mit unzähligen Wander- und Radwegen sowie Naturlehrpfaden ist es ein ideales Erholungsgebiet. Mit Hann. Münden und dem Kloster Bursfelde kommen aber auch Kultur und Sehenswürdigkeiten nicht zu kurz.

Naturpark Münden e. V.
Hauptstraße 9, OT Hemeln
34346 Hann. Münden
055 44-94 04 49
www.naturpark-muenden.de

Blick zur Königszinne, einem Aussichtspunkt bei Bodenwerder

Grüne Oasen – Naturschutzgebiete, Parks- und Gartenanlagen

Kurpark Bad Oeynhausen

Wasserspiele im Kurpark Bad Oeynhausen

Mitten im Zentrum von Bad Oeynhausen liegt der Kurpark, der 1851–1853 nach Plänen des berühmten preußischen Gartenbauarchitekten Peter Joseph Lenné angelegt und beständig erweitert wurde.

Im Stil englischer Landschaftsgärten geschaffen, wechseln sich farbenfrohe Blumenarrangements mit altem Baumbestand ab, und große Fontainen verleihen ihm ein besonderes Flair. Besuchenswert ist der Park aber auch wegen seiner restaurierten alten Gebäude, die ein Zeugnis der glanzvollen Kur- und Bäderwelt am Anfang des 20. Jahrhunderts sind.

Am Eingang Herforder Straße liegt das Badehaus I von 1854–1857, ein spätklassizistischer Bau, der vom Schinkelschüler Busse nach dem Vorbild des römischen Pantheon erbaut wurde, südwestlich der Wandelhalle dann das Badehaus II, ein palaisartiger dreiflügeliger Bau aus den Jahren 1880–1890. Erwähnenswert ist aber auch der Rokokobau des Theaters im Park, Spielort renommierter Ensembles. Schönstes Gebäude dürfte wohl das Kaiserpalais sein, das frühere Kurhaus, wo heute Künstler des internationalen GOP-Varieté-Theaters eine hochklassige Show bieten. Ganz im Südwesten des Parks liegt schließlich die Bali-Therme, wo man so richtig die Seele baumeln lassen kann und gleich nebenan der Jordansprudel, mit 50 m Höhe die höchste Thermalsolequelle der Welt. Kulturelle und kulinarische Höhepunkte sowie das Flair des romantisch beleuchteten Parks und ein glanzvolles Feuerwerk bietet die Veranstaltung „Parklichter", die alljährlich im Kurpark stattfindet.

Tourist – Information
Am Kurpark
32545 Bad Oeynhausen
☎ 057 31-13 17 00
📠 057 31-13 17 17
💻 www.badoeynhausen.de

Bad Oeynhausen Marketing
Bahnhofstraße 11
32545 Bad Oeynhausen
☎ 057 31-25 90 91
📠 057 31-25 90 93
💻 www.bo-live.de

Grüne Oasen – Naturschutzgebiete, Parks- und Gartenanlagen

Aqua Magica Bad Oeynhausen-Löhne

Parkbesucher beim Wasserkrater

Der „Park der Magischen Wasser" liegt südwestlich vom Kurpark und verbindet Bad Oeynhausen mit Löhne. Der 20 ha große Landschaftspark wurde 1997 von den französischen Landschaftsarchitekten Henri Bava und Oliver Philippe entworfen und anlässlich der Landesgartenschau 2000 eröffnet. Es ist ein Bürger- und Kulturpark mit Themengärten und vielfältigen Spielbereichen.
Herzstück der Anlage ist die 600 m lange und 20 m breite „Allee des Weltklimas" mit 240 Platanen. Von ihr aus kann man neben dem Orchideenhaus verschiedene Gärten besichtigen, darunter den „Ideengarten ostwestfälischer Gärtner", den „Skulpturengarten" und den Gewürzgarten „Spice world". Im südlichen Teil des Parks liegen der „Heimische Blütengarten", der „Sprühgarten" und die „Wassergärten", während in der Nordwestecke ein Biotop zu finden ist.

Absoluter Höhepunkt ist jedoch der „Wasserkrater". Hier können Besucher 18 m tief ins Erdinnere hinabsteigen und die Solequellen der Region sichtbar erleben. Begleitet von Licht- und Klangelementen steigt hier regelmäßig eine 30 m hohe Wasserfontaine empor.
Zum Park, der auch für kulturelle Veranstaltungen genutzt wird, gehören eine Naturbühne und ein Café im Glasgewächshaus. Er ist ganzjährig geöffnet, der eintrittspflichtige Bereich Wasserkrater und Wassergärten jedoch nur zwischen Mai und September.

Hier geht es 18 m tief in die Erde

Die Fontäne des Wasserkraters

Aqua Magica Bad Oeynhausen & Löhne GmbH
Koblenzer Straße 20 c
32584 **Löhne**
☎ 057 31 – 30 200 – 0
📠 057 31 – 30 200 – 11
🖥 www.aquamagica.de

Grüne Oasen – Naturschutzgebiete, Parks- und Gartenanlagen

Naturschutzgebiet Hohenstein

Blick auf die Klippen von Hohenstein

Zwischen Hessisch Oldendorf und Hameln bildet der Süntel eine Barriere von zwölf Kilometern, die den Lauf der Weser in Richtung Westen erzwingt.

Dort liegt das Naturschutzgebiet Hohenstein mit steil abfallenden Klippen und seltenen Pflanzen.

Das weithin sichtbare Felsmassiv steigt bis 341 m an und ist durch einen Kammweg und verschiedene Aussichtspunkte erschlossen. Aus Naturschutzgründen sind nicht alle Klippen zugänglich und teilweise gesperrt. Der Ausblick von den über 50 m steil abfallenden Klippen ist grandios und entschädigt für die Mühen des Anstiegs. Kinder sollte man allerdings nicht unbeaufsichtigt lassen, da die Felsen steil abfallen.

Das 850 ha große Naturschutzgebiet besteht seit 1930 und gehört zu den beliebtesten Wanderzielen im Weserbergland. Die Kalksteinfelswand aus Korallenoolithgestein des Oberen Juras darf von Kletterern nicht benutzt werden, denn sie ist gleichzeitig ein Standort seltener Pflanzen. So findet man hier z. B. Berglauch, Brillenschote, Hügelwaldmeister, Küchenschelle oder Pfingstnelke.

Zu altgermanischer Zeit war der Hohenstein eine der Frühlingsgöttin Ostara geweihte Kultstätte. Das ist bezeugt durch eine alte Runentafel aus gebranntem Ton, die man um 1500 in der Nähe des „Grünen Altars" fand. In der Umgebung lieferte man sich einst blutige Schlachten, darunter die zwischen Widukind und dem Heer von Karl dem Großen im Jahre 782 im tiefeingeschnittenen Tal auf der Westseite, das seither „Totental" heißt.

Tourist-Information
Marktplatz 13
31840 Hessisch Oldendorf
☎ 051 52-78 21 64
📠 051 52-78 22 11
🖥 www.hessisch-oldendorf.de

Grüne Oasen – Naturschutzgebiete, Parks- und Gartenanlagen

Der Ohrbergpark bei Hameln

Blick vom Ohrbergpark über die Weser

Zwischen dem Stadtteil Klein Berkel und dem kleinen Ort Ohr an der B 83 erstreckt sich oberhalb der Weser der steil abfallende Ohrberg. Dieses seit 1936 unter Landschaftsschutz stehende Gelände begeistert alljährlich viele Besucher und gehört zum Rittergut Ohr der Familie von Hake, dessen Gutshof vom Park aus zu sehen ist.

Der Ohrbergpark ist ein extensiv gepflegter Landschaftsgarten im englischen Stil mit vielen fremdländischen Gehölzen. Besonders lohnenswert ist ein Besuch im Mai und Juni, wenn Azaleen und Rhododendren blühen. Die Idee zum Park hatte Christian Ludwig von Hake (1745–1818), der seinerzeit unter König Georg IV. Leiter des königlichen Hofbau- und Gartendepartements war. Er beteiligte auch seinen Sohn Georg Adolf von Hake (1779–1840) an der Planung, der als eigentlicher Parkgründer zu bezeichnen ist. So entstand von 1817 bis 1840 die heutige 14 ha große Parkanlage auf historischem Boden, errichtete hier der Heerführer Tilly doch 1625 eine Schanze zur Belagerung der Stadt Hameln. Als letzter fachkundiger Gärtner der Familie übernahm Ernst Adolph von Hake (1786–1865) den Besitz und vollendete den Park, wobei er überwiegend nordamerikanische Bäume anpflanzte, die heute eine stattliche Höhe haben. Zu den exotischen Gehölzen gehören u. a. der nordamerikanische Mammutbaum, die Libanonzeder oder der chinesische Taschentuchbaum. Dem Parkgründer ist ein Denkmal von 1841 gewidmet, das der Bildhauer Ernst von Bandel schuf.

Im Ohrbergpark

Tourist-Information
Deisterallee 1
31785 Hameln
☎ 051 51-95 78 23
📠 051 51-95 78 40
💻 www.hameln.de

Grüne Oasen – Naturschutzgebiete, Parks- und Gartenanlagen

Hannoversche Klippen bei Bad Karlshafen

Die Weser mit den Hannoverschen Klippen

Felsen haben wegen ihrer landschaftsprägenden Bedeutung schon immer die Aufmerksamkeit der Menschen auf sich gezogen.

Im Durchbruchstal zwischen Solling im Norden und Reinhardswald im Süden hat die hier eingetiefte Weser westlich von Bad Karlshafen Bundsandstein-Schichten in einer Reihe von Klippen freigelegt. Der Name „Hannoversche Klippen" erinnert an die frühere Zugehörigkeit zur Provinz Hannover, heute liegen sie auf dem Gemeindegebiet von Beverungen in Nordrhein-Westfalen.

Zusammen mit den auf der Talsüdseite gelegenen „Hessischen Klippen" sind es die einzigen Bundsandsteinfelsen im Weserbergland. Die bis zu 75 m hohen Klippen ragen aus den Buchen-Eichenwäldern des steil abfallenden Weserhanges heraus und bedecken ein Areal von 24 ha. Das Gebiet der Klippen steht unter Naturschutz, sodass man hier die Wege nicht verlassen darf, und Klettern ist natürlich auch verboten! Zwar sind die Felsköpfe nicht artenreich, aber die Umgebung weist einen hohen und bedeutsamen Bestand alter Bäume mit teils extremen Stammumfängen auf. Die Klippen bieten aber auch einen Einblick in den tektonischen Bau des Weserberglandes und erlauben es, die Landschaftsgeschichte zu verstehen. Am Klippenrand verläuft eine für den Autoverkehr gesperrte Straße, und die Felskanzel gehört zu den reizvollsten Aussichtspunkten der Region.

Tourist-Information
Weserstraße 10
37688 Beverungen
☎ 052 73-39 22 21
📠 052 73-39 21 20
🖥 www.beverungen.de

Grüne Oasen – Naturschutzgebiete, Parks- und Gartenanlagen

Kurpark Bad Eilsen

Im Kurpark von Bad Eilsen

Das kleine zwischen Harrl und Bückeberge gelegene Bad Eilsen hat eine lange Tradition als Badeort, findet man hier doch die stärksten Schwefelquellen Mitteleuropas. Trotzdem hatte das Bad nie den Ehrgeiz, ein großes mondänes Ziel zu werden, vielmehr versteht man sich als gemütlicher Kurort, wo man sich unter Freunden aufhält. So schätzen die Gäste, die heute hierher kommen, nicht nur die modernen Therapieeinrichtungen sondern auch die Ruhe und Gemächlichkeit.

Das Kurparkgelände war ursprünglich ein sumpfiges von der Aue durchflossenes Wiesengebiet. Mit der steigenden Beliebtheit als Kurort wurde der Park über Jahrzehnte geschaffen und immer wieder ergänzt. Sein Grundgerüst bilden die Brunnenpromenade und die bereits 1799 angelegte Harrl-Allee. Er präsentiert sich heute als eine Oase der Ruhe mit großen Rasenflächen, Blumen, Sträuchern, prachtvollen teilweise über 200 Jahren alten Bäumen, alles aufgelockert durch sanft plätschernde Wasserspiele.

Bad Eilsen bietet aber noch mehr Grün. Die vom Kurpark ausgehende Harrl-Allee verbindet diesen mit dem Höhenzug Harrl und dem gern besuchten Aussichtspunkt „Idaturm", an ihr liegt aber auch der beliebte Englische Garten. Umgekehrt führt der Bergkurpark direkt in die Bückeberge.

Blumenpracht im Kurpark

Kurverwaltung
Bückeburger Straße 2
31707 Bad Eilsen

☎ 057 22-853 72
📠 057 22-886 51
🖥 www.bad-eilsen.de

Grüne Oasen – Naturschutzgebiete, Parks- und Gartenanlagen

Kurpark Bad Nenndorf

Der Sonnengarten im Kurpark

Im Zentrum von Bad Nenndorf liegt im Gegensatz zu anderen Städten eine Oase der Ruhe – der Kurpark mit unterem Kurbezirk, Galenberg und Erlengrund.

Mit dem Bau der Anlage beauftragte Landgraf Wilhelm IX. den Kasseler Hofgärtner Georg Wilhelm Homburg. Dieser musste aber zunächst für zwei Jahre nach England gehen, um die dortige Art der Parkgestaltung kennen zu lernen. Ab 1792 begann er dann in zweijähriger Arbeit den Grundstock für den heutigen 35 ha großen Kurpark zu legen. Bei der Erstanlage wurden 203 Gehölz-, 33 Rosen- und 37 Staudenarten angepflanzt. Noch heute beeindruckt der über 200-jährige Baumbestand mit einheimischen wie ausländischen Baumarten. Rund ein Jahrhundert später wurde er durch den Brunnengärtner Carl Thon um den Sonnengarten mit Tempel erweitert, von dem auch die Süntelbuchenallee stammt. Er war es auch, der den Kurpark mit den Wäldern des Deisters verband.

Die alten Baumriesen rahmen aber auch historische Gebäude ein, darunter das Schlösschen, 1806 im reinsten Klassizismus als kurfürstliche Sommerresidenz vom Landgrafen erbaut und heute beliebter Veranstaltungsort, an der Kurpromenade, dann das 1791/1792 erbaute Landgrafenhaus, die Esplanade von 1906, das frühere Große Badehaus der Armeeoffiziere und schließlich der Brunnentempel, 1842 über der ersten Schwefel-Sole-Quelle Bad Nenndorfs erbaut und somit der Ursprung des Badebetriebs.

Tourist-Information
Am Thermalbad 1
31542 Bad Nenndorf
057 23-34 49
057 23-14 35
www.BadNenndorf.de

Grüne Oasen – Naturschutzgebiete, Parks- und Gartenanlagen

Kurpark Bad Pyrmont mit Palmengarten

Der berühmte Palmengarten im Kurpark Bad Pyrmont

Der Kurpark von Bad Pyrmont gilt als ein Prunkstück der Gartenbaukunst, ist in verschiedene Bereiche gegliedert und umfasst eine Fläche von 17 ha mit vielen seltenen Bäumen und Beeten mit rund 250 000 Pflanzen. Zwischen 1667 und 1772 wurden zunächst barocke Alleen angelegt, darunter die Hauptallee und die Hylligen Born Allee. Sie haben als Ausgangspunkt den Brunnenplatz mit dem Hylligen Born (Heiligen Born), der ältesten Pyrmonter Heilquelle und der neuen Wandelhalle. Die Hauptallee gilt als älteste Kurparkanlage überhaupt und ist seit jeher die Flaniermeile in Bad Pyrmont. Etwa ab 1790 begann man damit, die Weiden zwischen den verschiedenen Alleen überwiegend im Stil eines englischen Gartens anzulegen. Anfang des 20. Jahrhunderts entstand der berühmte Malerblick mit Seerosenteich und die Malerbrücke durch den Hofgärtner Friedrich Dirks nach Plänen des hannoverschen Stadtgartendirektors. Sein Sohn Werner Dirks vollendete dann den Park und legte den berühmten Palmengarten an. In dieser nördlichsten Palmenfreianlage Europas findet man über 300 bis zu 11 m hohe Palmen verschiedener Arten und etwa 400 tropische und subtropische Gewächse. Von November bis Mai kann die grüne Pracht allerdings nur im Gewächshaus besichtigt werden.

Zum Kurpark gehören auch der Erdbeertempel von 1786, das Lesesaalgebäude mit angrenzendem Konzerthaus, dem Sitz der Spielbank sowie das an anderer Stelle genannte Schloss, heute Museum. Von Mai bis September werden Parkführungen angeboten.

Kurverwaltung Staatsbad Pyrmont
Heiligenangerstraße 6
31812 Bad Pyrmont
☎ 052 81-15 01
📠 052 81-15 19 10
🖥 www.staatsbad-pyrmont.de

Grüne Oasen – Naturschutzgebiete, Parks- und Gartenanlagen

Urwald und Burggarten Sababurg

Der Reinhardswald bildet die Nordspitze Hessens und ist gleichzeitig mit 20 000 ha das größte zusammenhängende Waldgebiet Hessens. Es wird von unzähligen markierten Wanderwegen durchzogen. Mittelpunkt ist die heute als Burghotel und Veranstaltungszentrum geführte Sababurg, die als Vorbild für das Grimmsche Märchen Dornröschen gilt.

len und bilden als totes Holz ebenfalls einen imposanten Anblick. Der Urwald zeichnet sich auch durch meterhohe Farne und Insektenvielfalt aus.

Der Burggarten

Zum unmittelbaren Außenbereich der Sababurg gehört der in den 60er Jahren neu angelegte Burggarten. Dieser Landschaftsgarten bewahrt den alten Gehölzbestand und bietet aufgrund der kleinen Fläche nur traditionelle Stauden, Heil- und Gewürzkräuter. Besonders lohnenswert ist er wegen seiner Rosensammlung, insbesondere während der Blütezeit von Ende Mai bis August. Er ist von April bis Oktober zugänglich.

Der Urwald der Sababurg

Urwald Sababurg

Das ganzjährig frei zugängliche Naturschutzgebiet liegt unweit der Sababurg und entwickelte sich aus einem Hutewald, der einst als Wald- Weideplatz für das Vieh diente. Bereits 1907 wurden 66 ha unter Naturschutz gestellt, heute umfasst das Areal 92 ha. Die gewaltigen alten Eichen haben teilweise einen Umfang von über 8 m. Viele der imposanten Bäume sind 200–400 Jahre alt, einige sogar über 800. Die ältesten Eichen sind innen hohl, manche Eichen und Buchen umgefal-

Die berühmte Kamineiche im Urwald der Sababurg

Dornröschenschloss Sababurg
34369 Hofgeismar
056 71-808-0
056 71-808-200
www.sababurg.de
www.der-burggarten.de

Ortsverzeichnis

A
Aerzen   62

B
Bad Eilsen   123
Bad Karlshafen   17, 35, 47, 57, 76
Bad Münder   24, 58
Bad Nenndorf   22, 77, 124
Bad Oeynhausen   9, 42, 75, 118
Bad Pyrmont   25, 50, 61, 79, 101, 113, 125
Bevern   84
Beverungen   46, 122
Bodenwerder   14, 59, 94, 107f
Boffzen   44
Brakel   109
Bückeburg   20, 48, 72, 86, 111

E
Emmerthal   83
Fuldatal   57

F
Fürstenberg/Weser   45

H
Hameln   12f, 32, 43, 57f, 69, 106, 116, 121
Hann. Münden   18f, 36, 71, 110, 117
Hessisch Oldendorf   59, 68, 92, 120
Hofgeismar   29, 51, 103, 126
Holzminden   15
Holzminden OT Neuhaus   95, 117
Höxter   16, 58, 60, 61, 70, 85

L
Löhne   119
Lügde   34, 63, 114

M
Minden   7f, 40f, 53f, 56, 65, 88f, 90

O
Obernkirchen   62

P
Polle   93, 63
Porta Westfalica   81, 96, 105

R
Rinteln   11, 31, 66f, 82, 88, 91

S
Salzhemmendorf   38, 78, 99, 100, 112
Springe   23, 37, 97f
Stadthagen   21, 49, 73
Stadtoldendorf   26

T
Trendelburg   28

U
Uslar   27, 54, 61, 102

V
Vlotho   10

W
Warburg   58

Weitere Bücher aus dem Wartberg Verlag für Ihre Region

**Wandern in Nordhessen
50 ausgewählte
Wanderungen**
von Susanne Seidenfaden
120 S., Spiralbindung, zahlr.
farb. Abb.,
(ISBN 3-8313-1072-6)

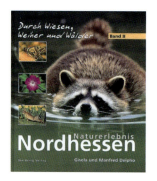

**Durch Wiesen, Weiher
und Wälder
Naturerlebnis Nordhessen**
von Gisela und Manfred
Delpho
Bd. 2, 80 S. mit zahlr. Farbfotos, Großformat, geb.,
(ISBN 3-8313-1073-4)

FZF Region Nordhessen
von Ellen Fehr
1000 Freizeittipps, Sehenswürdigkeiten, Ausflugsziele
ca. 280 S., brosch., zahlr.
S/w- und Farbabbildungen
(ISBN 3-8313-1165-X)

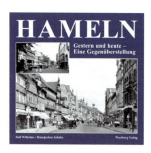

**Hameln –
Gestern und heute.
Eine Gegenüberstellung**
von Rolf Wilhelms und
Hansjochen Jahnke
72 S., geb., zahlr. S/w-Fotos
(ISBN 3-8313-1125-0)

**Hannover in den 50er
Jahren - Lebensgefühl
einer Generation**
von Wolfgang Steinweg
64 Seiten, gebunden, zahlreiche S/w-Fotos
(ISBN 3-8313-1097-1)

**Göttingen –
Ereignisreiche Zeiten
Die 60er Jahre**
von Frank Helwig, Andreas
Kolle und Frank Schrödter
72 S., geb., zahlr. S/w-Fotos
(ISBN 3-86134-705-9)

Wartberg Verlag GmbH & Co. KG
Bücher für Deutschlands Städte und Regionen
Im Wiesental 1 · 34281 Gudensberg-Gleichen · Telefon: (0 56 03) 9 30 50 · Fax (0 56 03) 30 83
www.wartberg-verlag.de